Vom Azubi zum Millionär

33 Geheimnisse, wie Du es ohne viel Aufwand zu Reichtum und Wohlstand schaffst

AF220473

NORMAN ARGUBI

VOM AZUBI ZUM MILLIONÄR

33 Geheimnisse,
wie Du es ohne viel Aufwand
zu Reichtum und Wohlstand schaffst.

Bibliografische Information der Deutschen Nationalbibliothek:
Die Deutsche Nationalbibliothek verzeichnet diese Publikation in der Deut-
schen Nationalbibliografie; detaillierte bibliografische Daten sind im
Internet über http://dnb.dnb.de abrufbar.

© 2021 Norman Argubi

Herstellung und Verlag: BoD – Books on Demand, Norderstedt

ISBN: 978-3-7543-2841-5

Inhalt

Was Du in der Schule nicht lernst

Warum braucht es eigentlich ein Buch über Geld und Finanzwissen, wenn man mit dem Schulabschluss aufs Leben vorbereitet sein sollte? Mit dem Abitur hat man sogar die sog. Reifeprüfung abgelegt. Das Wort Reifeprüfung wird heute zwar kaum noch verwendet, sagte aber früher aus, dass man mit dem Abitur reif für das Leben gemacht worden sei. Ziel war es, alles Wichtige gelernt zu haben, was man im Leben benötigt, um gut zurecht zu kommen. Das mag auch bis zur Mitte des letzten Jahrhunderts richtig gewesen sein, ist aber aus meiner Sicht seit mindestens 30 Jahren nicht mehr der Fall.

Schon zu Beginn meiner Studienzeit und in meinen ersten Seminaren in Sachen Persönlichkeitsentwicklung hieß es immer: 90 % von dem, was Du in der Schule gelernt hast, brauchst Du nicht zum Leben. Aber 90 % von dem, was Du im Leben benötigst, lernst Du nicht in der Schule. Okay, den ersten Teil hatte ich sofort verstanden. Vieles von dem, was ich in der Schule gelernt hatte, benötigte ich tatsächlich nicht mehr in meinem Alltags- und Berufsleben.
Das ist für die junge Generation der heutigen Zeit wahrscheinlich auch nicht anders. Was ich aber auf jeden Fall bestätigen kann ist, dass ich 90 % meines heutigen Wissens nicht in der Schule erlernt habe, was für mein Leben nötig und hilfreich gewesen wäre. Und darum geht es in diesem Buch.

Wie Du Dir ein erfolgreiches Leben aufbaust, und hier speziell in finanzieller Sicht, musst Du selbst entscheiden. Mit diesem Buch will ich Dir Unterstützung anbieten, vielleicht auch Ratschläge mit auf den Weg geben. Warum lernt man das nicht in der Schule? Die schlichte Wahrheit ist: Dort unterrichten Lehrer und Lehrerinnen die Schüler. Nun sind Lehrer keine schlechten Menschen und auch in der Regel nicht pleite, aber meist auch nicht vermögend.

Welche Menschen sind denn vermögend? Es sind in erster Linie Unternehmer. Die haben selbst Firmen aufgebaut, beschäftigen Mitarbeiterinnen und Mitarbeiter unterschiedlicher Fachrichtungen, entwickeln erfolgreiche Produkte und investieren ihr Geld, um dieses weiter zu mehren. Daneben gibt es Investoren, die gezielt Vermögen bilden, häufig in Immobilien investieren, oder sich ein Aktienportfolio aufbauen mit dem klaren Ziel, später von den Erträgen leben zu können.

Der größte Investor, Warren Buffet, ist über 90 Jahre alt, gehört seit Jahren regelmäßig zu den 10 reichsten Menschen dieses Planeten und hat seit seinem 14. Lebensjahr immer gearbeitet und sein Geld immer neu investiert.

Überhaupt ist es sehr spannend zu sehen, dass die meisten Superreichen ihr Geld nicht geerbt haben, sondern es komplett selbst erarbeitet haben. Die Aussage vieler „Verlierer", man müsse schon reich geboren worden sein, ist absolut falsch. Ob Warren Buffet, Bill Gates, Steve Jobs, Elon Musk, oder ein Mark Zuckerberg sind alle ohne Vermögen aufgewachsen und haben aus dem Nichts begonnen. Das Internet macht es möglich - und es ist auch für Dich fast kostenlos nutzbar.

Also, warum können Lehrer tendenziell keine guten Gelderklärer sein? Zum einen haben sie einen anderen Beruf. Vor allem aber haben sie sich für die Sicherheit des öffentlichen Dienstes entschieden, häufig sogar für die Beamtenlaufbahn. Wenn man das tut, dann hat das Gründe: die Suche nach Sicherheit, sich niemals Gedanken machen zu müssen um Geld und Karriere und auch die Beförderung und die Gehaltserhöhungen aufgrund des Alters erfolgen automatisch. Sie haben am Ende ihres Berufslebens eine gute Pension und daher nie die Sorge oder Notwendigkeit selber vorsorgen zu müssen. Sie werden nie reich, aber auch nie arm. Geld hat im Leben eines Beamten oft keinen besonderen Stellenwert.

Wenn sich jemand aber nie mit einem Thema beschäftigt, wie soll er*sie dann andere davon begeistern? Dasselbe gilt übrigens auch für Bewerbungen.
Wie soll ein Lehrer, der sein ganzes Leben nur an der Schule und der Uni verbracht hat, Dir etwas über Bewerbungen in der freien Wirtschaft sagen können? Er oder sie hatte im gesamten Berufsleben eben kaum einmal selbst ein Bewerbungsgespräch geführt. Weder auf der einen noch auf der anderen Seite des Tisches. Wenn Du wissen willst, wie das geht, oder was Du tun musst, um einen Chef zu überzeugen, dann musst Du Dich mit Chefs unterhalten und diese dazu befragen. Stelle also Deine Fragen an Menschen, die Mitarbeiter oder Mitarbeiterinnen selbst einstellen, worauf sie achten, was ihnen wichtig ist. Diese Antworten werden meist völlig andere sein, als die Deines Lehrers in der Schule. Letzterer kennt das Thema selbst nur aus Büchern, nicht aus der Praxis.

Bei Geld und Geldanlagen ist es besonders wichtig, praktisches Wissen zu haben.

Denn Geld und vor allem der (Geld-)Markt laufen nicht störungsfrei. Ähnlich wie im Laufe des eigenen Lebens gibt es immer wieder Herausforderungen, Pleiten, Pech und Pannen, es gibt Börsencrashs, gesetzliche Anpassungen und Herausforderungen, Steuererhöhungen und -änderungen oder auch Störungen des Marktes, die eine Anpassung Deiner Geldpläne notwendig machen. Und aus dem privaten Bereich ereilen uns unvorhersehbare Trennungen, Krankheiten und/oder Arbeitslosigkeit. Viele dieser Herausforderungen sind für einen Lehrer in der Schule meist unbekannt. Daher sind diese *„Wissensvermittler"* unserer Jugend keine guten Partner, um Antworten darauf zu geben, wie man mit größeren Veränderungen im Leben klarkommen muss.

Wie gesagt, dies ist keine Lehrerschelte, ganz im Gegenteil. Für den Job, den die machen, sind die meisten von ihnen großartig ausgebildet und qualifiziert. Viele von ihnen sind auch hochengagiert und geben ihr ganzes Herzblut darein den kleinen und großen Rackern etwas Wissen beizubringen. Aber es ist eben ein begrenzter Abschnitt im Leben, wo Lehrer eingesetzt werden und auch ausgesprochen hilfreich sind.

Zurück zum Thema Geld. Du brauchst jemanden an Deiner Seite, der Dir hilft die ersten Schritte zu gehen, wenn Du dies nicht von Deinen Eltern beigebracht bekommst. Und das gilt für 99,9 % aller Menschen. Denn auch Eltern sind meist nicht die besten Ratgeber bei diesem Thema. Um das zu überprüfen, reicht meist ein Blick auf den Kontoauszug. Es geht nicht um die menschlichen Qualitäten Deiner Eltern, die kann ich gar nicht beurteilen. Aber wenn Dich der Titel des Buches hier angesprochen hat, dann zeigt das alleine schon, dass Du wahrscheinlich kein Millionen-Vermögen erben wirst, denn sonst wäre der Weg vom Azubi zum Millionär für Dich ja völlig klar und normal. Wenn Du wüsstest, Deine Eltern hätten ein 8-stelliges Euro-Vermögen, wovon Du später partizipieren wirst, wäre es für Dich gar keine Herausforderung später selbst Millionär zu werden und Du hättest dieses Buch wahrscheinlich nie gewählt.

Aber tröste Dich. So wie Dir geht es den meisten anderen Jugendlichen und jungen Erwachsenen auch, und wie wir oben bereits gesehen haben, ging es den meisten Milliardären genauso wie Dir heute. Du hast also die besten Startchancen. Nun geht es nur noch darum, wie Du diese Chancen nutzt, wie Du sie umsetzt.

Dabei soll Dir dieses Buch einen ersten Weg zeigen mit ganz praktischen Tipps und Hinweisen, an die Du Dich Stück für Stück halten solltest. Denn sie sind allesamt über viele Jahre erprobt. Viele junge Menschen sind diesen Weg vor Dir schon gegangen und konnten mit den hier vorgestellten Maßnahmen den Weg zu ihrer persönlichen finanziellen Freiheit bereits gehen. Viele von ihnen haben ihr Ziel Millionär zu werden bereits viel früher erreicht. Das ist weniger die große Ausnahme, vielmehr eine Frage von Disziplin und Konsequenz. Geld und Geldverdienen ist in der heutigen Zeit unglaublich einfach. Geld zu behalten und zu vermehren ebenso. Leider ist es fast noch einfacher, Geld auszugeben. Die Verlockungen dazu lauern an jeder Ecke. Du entscheidest, welchen Weg Du gehst. Wenn ich Dich dabei unterstützen darf, den Weg zum finanziellen Wohlstand zu gehen, dann macht mich das stolz und glücklich. Alles ist möglich - und es ist keine Zauberwissenschaft.

1. Die Einstellung

Das moderne Wort für die persönliche Einstellung zu einer Sache oder Angelegenheit lautet *„Mindset"*. Mit welchem Mindset Du Dich bewegst, wird Dein ganzes Leben beeinflussen. So kannst Du z.b. nach dem Minimal- oder dem Maximalprinzip handeln. Der eine oder andere, der auf einem Wirtschaftsgymnasium war, wird diese Begriffe kennen. Minimalprinzip bedeutet, Du steckst Dir ein Ziel (zum Beispiel das Abi einfach zu bestehen) und nun versuchst Du, es mit dem geringstmöglichen Aufwand zu erreichen. Du machst kein bisschen mehr als nötig. So arbeiten einige ihr Leben lang.

Nach dem Maximalprinzip nutzt Du alle Deine eigenen Ressourcen und versuchst damit Dein Bestmöglichstes zu erreichen. Du bist vielleicht nicht der beste Mathematiker auf der Welt, aber dennoch versuchst Du zumindest mal in einer Klausur eine 3 zu schreiben.

Deine Einstellung entscheidet Dein Leben. Diese Einstellung ist es, die Dir ein Leben in Freiheit ermöglicht, oder ob Du Dein Leben lang von anderen abhängig sein wirst. Du entscheidest selbst. Das Positive ist: Du kannst das jederzeit ändern. Selbst wenn Du bisher mit einer ungünstigen Einstellung durchs Leben gelaufen bist, hast Du jetzt die Möglichkeit diese zu ändern und so Deinem Leben eine neue Wendung zu geben.

Das englische Wort für Einstellung lautet *„attitude"*. Das Wort gibt es auch im deutschen als Attitüde. Das meint eine innere oder körperliche Haltung. Diese Haltung oder Einstellung zu einer Sache ist ein entscheidender Faktor. Und ich möchte Dir ein schönes Bild geben, damit Du es Dir besser merken kannst. Das ist total faszinierend, sodass Du es wohl nie wieder in Deinem Leben vergessen wirst:

Schreibe Dir einmal die Buchstaben einzeln auf einen Zettel am besten untereinander: **a - t - t - i - t - u - d - e**. Und nun schreibe die Zahl daneben, die dieser Buchstabe im Alphabet hat. Das **A** ist der **1.** Buchstabe im Alphabet, also schreibst Du neben dem **a** eine **1**. Das **T** ist der **20.** Buchstabe, das **i** hat die Nummer **9** und so weiter. Hast Du alle Zahlen zusammen? Jetzt nimm die Zahlen und zähle sie zusammen. Hast Du das Ergebnis? Du kommst auf 100!

A = 1
T = 20
T = 20
I = 9
T = 20
U = 21
D = 4
E = 5

---

100 Prozent

Deine Einstellung, Deine Attitude ergibt immer 100 %. Nimm das als gedankliche Stütze. Bei allem was Du in Deinem Leben tust, tue es nicht halbherzig. Mach es richtig, mach es mit 100 Prozent, wenn Du Erfolg haben willst. Das gilt unabhängig davon, ob es um Deine berufliche Entwicklung, Deine privaten Beziehungen oder den Umgang mit Geld geht. Deine Einstellung sollte immer 100 % sein. Nur dann kannst Du auch das beste Ergebnis erwarten.

2. Der Wille

Der Leitspruch meiner Mutter war und ist ihr Leben lang: Alles was ich will, das kann ich, ich muss es nur wirklich wollen! Nun ja, ich muss zugeben, sie hat in ihrem Leben sicherlich viel Willen gebraucht, weil es nicht immer alles sehr einfach war. Nachdem sie sich mit 22 Jahren in meinen Vater verliebte und ich pünktlich ein Jahr später zur Welt kam, brachte mein Vater,
ca. 2 Jahre später, seine 5 Kinder aus der ersten Ehe mit in diese Ehe. Mit 26 Jahren hatte meine Mutter also 6 Kinder zu versorgen und musste dazu noch Vollzeit arbeiten gehen. Erschwerend kam hinzu, dass diese Kinder im Ausland aufgewachsen waren und sie die Sprache der Kinder zunächst nicht verstand. Nur die Schimpfworte, die lernt man dann sehr schnell ;-)

Später hat sie dann noch zweimal studiert, beim letzten Mal sogar zeitgleich mit mir. Ich Jura und sie Volkswirtschaftslehre, ab und zu trafen wir uns dann auf dem Campus und konnten mittags in der Mensa Essen gehen. Dieses Vergnügen haben nicht viele Studenten.

Mit 77 Jahren gründet sie gerade einen neuen Kindergarten und baut im nächsten Jahr ein Haus für minderjährige Mütter, um ihnen Hilfe zum Leben und den Weg in eine Ausbildung zu verschaffen.

Auch Du kannst mit eisernem Willen vieles – wenn nicht sogar alles – erreichen. Du kennst es vielleicht auch vom Sport. Manchmal steht das Spiel auf Messers Schneide. Nach dem Spiel sagen die Spieler im Interview dann häufig. *„Der pure Wille hat entschieden. Wir wollten den Sieg einfach mehr als die anderen.“* Was im Sport richtig ist, gilt auch im echten Leben.

Überlege Dir also genau was Du willst, und zieh es dann durch. Als Kind hattest Du diesen starken Willen bereits. Wahrscheinlich hast Du auch beim Einkaufen mit Deinen Eltern irgendwann im Supermarkt dieses Ü-Ei gesehen und WOLLTEST es haben. Deine Eltern versuchten es Dir auszureden, haben es mit Vernunft versucht, haben es mit Ablenkung versucht, mit Strenge, haben versucht es zu ignorieren, aber Du hast Dich nicht abbringen lassen und hast am Ende so lange geschrien oder gebettelt, bis Du das Ei bekommen hast.

Herzlichen Glückwunsch im Nachhinein. Dein Wille hat gesiegt.

Und genau hier liegt die Schwierigkeit. Dein Wille ist zum Problem geworden. Dein Wille hat gestört, er passte nicht in die Erziehungsmethoden Deiner Eltern, ebenso war es später in der Schule. Es ging nicht darum welche Themen Dich besonders interessierten und wovon Du gerne mehr Wissen aufsaugen wolltest. Auch dort mochtest Du nicht jedes Mal den Unterricht, den Du wolltest. Wenn Du glaubst, Du kannst besser denken und hast bessere Ideen, wenn Du Dich bewegst, dann zeigten Deine Lehrer Dir auf, dass dieser Wille nicht zählt und das Du gefälligst auf Deinem Stuhl sitzen bleiben sollst und still zu sein hast. Unser aller Wille ist dabei häufig gebrochen worden. Wir hatten alle dieses große Geschenk eines unbändigen Willens in uns, aber die Gesellschaft hat uns gezeigt und klar gemacht, dass das nicht zählt. Das es stört, wenn Menschen, wenn Kinder einen starken Willen haben. Wenn Kinder im Bett liegen und schreien, weil sie lieber noch spielen wollen, dann lassen Eltern die Kinder absichtlich schreien, solange bis diese aufgeben – und nennen das dann Erziehung.

Und heute sage ich Dir 20 Jahre später, dass Du Deinen Willen wieder stärken musst. Denn dieser ist für Dein Leben, Deine berufliche Zukunft extrem wichtig. So ist es leider mit manchen Sachen. Wir hatten Fähigkeiten als Kind, die uns abgewöhnt, abtrainiert wurden. Dabei haben es Eltern und Lehrer durchaus gut gemeint. Und dies hier ist auch kein Appell alle Kinder ständig mit Süßigkeiten vollzustopfen, nur weil sie quengeln. Erziehung ist an dieser Stelle wichtig, sie sollte nur nicht so weit gehen, dass man so eine wertvolle Ressource wie einen eigenen Willen bricht.

Das gilt auch in der Partnerschaft. Einen Partner bzw. Partnerin an der Seite zu haben, der oder die Dinge mit Dir gemeinsam macht, Dinge die Du magst, das ist wirklich schön. Aber wenn diese Partnerin oder dieser Partner immer nur Dinge tut, die nur Du willst und überhaupt keinen eigenen Willen hat, dann ist es irgendwann langweilig. Du siehst, einen Willen zu haben, kann sogar sexy sein.

Sei Dir daher bewusst, dass Du Deinen Willen-Muskel möglicherweise neu trainieren musst. Lerne, auf Dich zu hören, was Du willst. Lerne wieder, Dich durchzusetzen. Du kannst Dir dazu neue Wege überlegen, Du musst Dich dazu nicht mehr schreiend auf den Fußboden des Supermarktes legen. Du kannst lernen zu argumentieren, zu verhandeln. Lerne aber vor allem, auf Dich zu hören und Dir immer klar zu werden, ob das, was Du da gerade tust, Dein eigener Wille ist. Manchmal darf man auch Umwege in Kauf nehmen oder muss erst einen Schritt zurück machen, um 2 Schritte voranzukommen. Am langen Ende jedoch, solltest Du Deinen Weg gehen. Es ist Dein Leben und Du solltest so leben, wie es Dir gefällt.

Du brauchst ein richtiges Mindset, aber Du brauchst auch einen starken Willen, um Dich durchzusetzen und Deine Ziele nicht aus den Augen zu verlieren. Gerade die Sache mit dem Willen wird in den meisten Coachings und Büchern zum Thema Mindset völlig vernachlässigt oder gar vergessen. Dabei ist Einstellung ohne Willen, wie ein Speer mit einer Gummispitze.

3. Die Entscheidung

Hast Du das richtige Mindset, die richtige Einstellung und den Willen Dich jetzt auf den Weg zu machen, Deine Ziele zu erreichen, braucht es eine Entscheidung. Jetzt sagt der eine oder andere, na das ist doch logisch. Wenn ich ein Ziel habe, dann entscheide ich mich doch automatisch. Und hier liegt leider ein Fehler im System.

So gibt es viele, die schon ein gutes Mindset mitbringen und auch durchaus wollen, aber nie den 1. wichtigen Schritt komplett gehen, um zu starten. Du kennst sicherlich folgenden Satz: *„Wenn ich loslegen würde, dann könnte ich das schon erreichen und ja, das wäre auch später schön, dies und jenes zu haben, aber im Moment habe ich gerade noch was anderes zu tun."*

Bei uns in Hamburg sagt man dazu, man kommt einfach nicht *„aus dem Quark"*. Kennst Du das? Kennst Du auch solche Leute, wo Du das Gefühl hast, die könnten eigentlich viel mehr aus sich machen, aber sie verschwenden einfach ihr Talent?

Sicher kennst Du das auch aus dem Fernsehen. Selbst bei Profisportlern kann man das sehr oft erkennen. Da gibt es Riesentalente, die einfach sang und klanglos ein paar Jahre später in der Versenkung verschwinden. Deren Stern steigt auf, strahlt kurz und verglüht dann gleich wieder wie eine Sternschnuppe. Es ist halt das eine, talentiert zu sein, etwas völlig anderes ist es aber durchzuhalten. Martin Limbeck, einer der größten Vertriebstrainer Deutschlands, hat mal den Spruch geprägt: *„Am Ende überholt der Fleißige immer das Talent".* Du hast also alle Chancen dieser Welt, unabhängig von Deinen persönlichen Startbedingungen.

Lerne daher, in Deinem Leben Entscheidungen zu treffen. Lerne auch, Entscheidungen schnell zu treffen. Das ist eine Lehre von Top-Managern, die hunderte von Entscheidungen treffen müssen. Dabei ist sicher nicht jede Entscheidung richtig, aber wer zu lange braucht, der scheitert auf alle Fälle. Und je öfter Du Entscheidungen triffst, desto mehr Training erzielst Du dabei. Dir fällt es immer leichter. Daher mein Tipp an dieser Stelle: Wenn Du Dich bislang schwer mit diesem Thema tust, übe das bei einfachen Dingen. Zum Beispiel bei einer Bestellung im Restaurant. Klappe die Menükarte auf, entscheide in 60 Sekunden und klappe dann die Menü Karte zu. Und wenn es nicht das perfekte Essen war? Egal, das kann auch passieren, wenn Du 10 Minuten die Karte studierst. Also, übe Entscheidungen zu treffen.

Warum sind Entscheidungen so wichtig im Leben? Weil Sie die Nr. 1 in Sachen Erfolgsfaktor sind. Denn mit einer Entscheidung kannst Du Dein Leben verändern und ins Positive entwickeln. Alles was bislang nicht toll war, kannst Du ändern - wenn Du Dich dafür entscheidest. Viel zu viele Menschen laufen mit dem Gedanken herum, ihr Leben sei nicht attraktiv und spannend. Sie haben die falschen Freunde, die falsche Liebe, den falschen Job und zu wenig Geld. Und was tun sie? Meistens nichts. Sie stöhnen und jammern - meistens bei Menschen, die ebenfalls stöhnen und jammern. So versteht jeder den andern. Und niemand ändert etwas. Und daher kommt hier gleich der nächste wichtige Tipp. Achte auf Dein Umfeld. Hänge nicht mit Schlaftabletten und Jammerern ab, sondern scharre Menschen um Dich, die aktiv sind, die positiv sind und die Dich motivieren. Und sei selbst derjenige, der anderen Mut und Kraft gibt, wenn man in Deiner Nähe ist. Es gibt Menschen, wo man sich nach der Begegnung mit ihnen hinterher immer besser fühlt und andere, wo man sich nach einem Treffen leer und ausgelaugt fühlt. Entscheide, welcher von beiden Du sein möchtest.

Denn jeder, der in der oben beschriebenen schlechten Situation ist, kann sie ändern. Man kann seine Freunde ändern, sich von seiner Liebe lösen, wenn man sie nicht mehr liebt, und man kann seinen Job schmeißen. Man muss sich nur dafür entscheiden. Wenn Dir Dein Job nicht gefällt, such Dir einen neuen. Bekommst Du keinen, dann mach eine neue Ausbildung. Kriegst Du keine, studiere oder gehe in den Vertrieb oder engagiere Dich im Handwerksbereich, dort bekommst Du immer einen Job. Es gibt immer eine Wahl. Treffe eine Entscheidung und hol Dir alles in Dein Leben, was immer Du möchtest.

Eine Entscheidung kann nicht nur derjenige treffen, der vermögende Eltern hat, der Abitur und ein Studium an einer Eliteuniversität abgeschlossen hat. Eine richtungsändernde Entscheidung können auch diejenigen für sich treffen, die gänzlich schlechte Startbedingungen haben oder hatten. Es kommt nicht auf Deinen Start, Deine Voraussetzungen an, sondern darauf, was Du aus Dir machst. Nimm Dein Leben selbst in die Hand! Lasse Dir auch nicht einreden, dass nur diejenigen, die aus einem privilegierten Elternhaus kommen, es zu etwas bringen können. Das ist Unsinn.

Jeder kann eine Entscheidung treffen und etwas aus seinem Leben machen. Jeder kann die richtige Einstellung mitbringen, oder sich diese sogar aneignen und vor allem können diejenigen, die offensichtlich schlechte Voraussetzungen haben, einen starken Willen entwickeln, um ihren Lebensweg ins Positive zu verändern. Gerade diejenigen haben doch allen Grund zu sagen: *„Ich möchte es besser machen, ich möchte ein schönes Leben führen und ich möchte, dass es meine Kinder einmal einfacher haben als ich."*

Einstellung, Wille und Entscheidungen brauchen kein Geld, keine besondere Bildung, sie sind demokratisch verteilt und jeder ist hier gleichberechtigt.
Aber ein Recht birgt auch eine Pflicht in sich. Willst Du etwas haben, dann hast Du auch die Pflicht die genannten 3 Punkte anzunehmen und umzusetzen. Ohne diese, hast Du keine Chance.

4. Finanzwissen

Bei diesem Thema sieht es schon ganz anders aus. Kinder von vermögenden Eltern bekommen häufig mehr Finanzwissen von zuhause mit, als Kinder aus armen Familien. Zudem unterhalten sich vermögende Menschen mehr und öfter über Geld, Anlagen und Vermögenswerte unterschiedlicher Art. Eine Form der Sozialisation für deren Kinder.

Den letzten Satz muss ich gleich wieder relativieren. Arme Menschen unterhalten sich und reden auch viel über Geld - aber halt völlig anders. Während die einen sich über Investitionen und Chancen unterhalten, reden die anderen über den Mangel an Geld und verhinderte Wünsche.

Arme Menschen reden darüber, dass man kein Geld hat, dass alles immer zu teuer ist, man sich dieses und jenes nicht leisten kann, dann bildet man naturgemäß kein Finanzwissen. Aber das muss man sich Stück für Stück aneignen, um langfristig gute Entscheidungen für sein Geld zu treffen.

Reiche Menschen reden darüber, dass der letzte Aktienkauf 12 % Gewinn gebracht hat oder das sie die Gelegenheit haben, dass Nachbargrundstück unter Wert zu kaufen. Sie reden genauso über Geld wie arme Menschen, aber fast immer mit einer anderen Zielrichtung. Es geht meist darum, was man mit dem Geld sinnvolles machen kann, anstatt sich über Mangel zu beklagen.

Leider kümmern sich die wenigsten jungen Menschen um das Thema Finanzwissen. Wenn Du dieses Buch liest und die Tipps und Hinweise annimmst und umsetzt, bist Du sehr schnell besser und weiter als 95 % aller anderen jungen Menschen. Das verschafft Dir einen ungeheuren Vorteil. Nutze ihn.

Warum ist das Aneignen von Finanzwissen so wichtig? Reicht es nicht mehr eine Frage einfach zu „googeln"? Oder, dass man zur Bank geht und sich von einem kompetenten Mitarbeiter beraten lässt? Um es klar zu sagen, nein das reicht auf keinen Fall.

Die Qualität der Antworten bei Google & Co liegt an der Qualität Deiner Fragen.

Wenn Du die Dinge nicht verstehst bzw. noch nicht kennst, weißt Du nicht wonach Du suchen sollst. Und wie willst Du die Antworten qualitativ bewerten? Was bedeutet Risiko, was ist der Unterschied zwischen Wertentwicklung und Rendite, wie berechnet sich die Inflation und welche Auswirkungen hat das auf Dein Geld?

Zum Finanzwissen gehören auch die Kenntnisse über die Unterschiede der verschiedenen Berater und Verkäufer von Finanzdienstleistungen. Wenn man diese nicht fachlich zuordnen kann, wundert man sich meistens zu spät und hat dabei viel Geld verloren. Das möchte ich Dir ersparen. Grundsätzlich gilt: Die Mitarbeiter bei der Bank sind in der Regel gut ausgebildet, aber sie sind Angestellte der Bank. Wie bei jedem Angestellten haben sie vorrangig die Interessen ihres Arbeitgebers zu vertreten. Nicht etwa die der Kunden. Das bedeutet natürlich nicht, dass sie Dich falsch oder schlecht beraten, aber Du solltest wachsam sein, denn auch Mitarbeiter der Bank haben heute ganz starke Vorgaben, jede Woche eine bestimmte Anzahl von Finanzprodukten zu verkaufen. Diese Vorgaben der Bank dienen nicht immer dem Wohl der Kunden.

Bei den Versicherungsvermittlern unterscheiden sich Vertreter, die für eine oder mehrere Gesellschaften arbeiten, oder Makler, die laut Gesetz Dich als Kunden gegenüber der Versicherung vertreten. Es ist nicht unwichtig zu beachten, wer wen vertritt und wer quasi der Auftraggeber ist. Von außen betrachtet und aus Sicht der reinen Arbeit sieht man meist keinen Unterschied. Daher ist es umso wichtiger diesen Unterschied zu kennen. Entweder Du fragst, oder Du bekommst diese Information auf der Website im Impressum. Dort muss der Vermittler aufzeigen, ob er ein sog. gebundener Vermittler oder Makler ist.

Daneben gibt es auch reine Finanzmakler, die sich auf Kapitalanlagen spezialisiert haben. Oder Du findest einen Honorarberater. Auch diese sind, wie die Makler, unabhängig von einer Gesellschaft. Der große Unterschied ist, dass die Makler in der Regel eine Provision von den Gesellschaften erhalten, der Honorarberater jedoch Dir eine Rechnung stellt. Dafür sind häufig die Produkte günstiger. Gute Makler können Dir jedoch auch auf Wunsch beide Varianten der Beratung anbieten.

Du siehst, ohne die Kenntnisse der unterschiedlichen Beratertypen hat man gar keine Chance, eine für sich gute Entscheidung zu treffen. Während früher unsere

Eltern und Großeltern sich darauf verlassen haben, dass ihnen der Mitarbeiter der Bank (den nannte man früher oft „Bankbeamter" - so viel Respekt und Ehrfurcht hatte man vor ihm) ihnen wirklich nur etwas Gutes anbietet, so hat sich diese Erwartung meist doch komplett zerschlagen.

Wie oben bereits erwähnt, sind Mitarbeiter der Bank wie alle Angestellten, zunächst mal ihrem Arbeitgeber verpflichtet. Sie haben also deren Interessen zu vertreten. Das gilt auch, wenn auf der Visitenkarte Kundenberater steht. Der darf und soll zwar einen Kunden beraten, muss aber dennoch die Beratung so gestalten, dass die Bank als Arbeitgeber glücklich ist. Das soll jetzt nicht heißen, dass alle Banker schlechte Arbeit machen, man muss nur die Strukturen verstehen und vielleicht noch einmal extra nachhaken, ob es nicht auch eine andere Lösung gibt, die vielleicht für den Kunden etwas besser ist. Vergleiche es einfach mit einem Autoverkäufer. Wenn Du in ein VW Autohaus gehst, dann wird der Verkäufer versuchen Dir einen VW zu verkaufen, auch wenn in Deinem gewünschten Segment vielleicht Ford oder BMW ein viel besseres Auto zu bieten hat. So funktioniert es in der Bank eben auch.

Das Problem ist umso stärker angewachsen, nachdem Banken den Mitarbeitern strenge Vorgaben machen, was sie im Laufe einer Woche zu verkaufen haben. Sprich, es könnte sein das der Vorschlag des Bankmitarbeiters mehr davon abhängt, was diese Woche verkauft werden soll, als von Deinem individuellen Problem. Im ersten Buch, **33 Geheimnisse der Geldanlage**, bin ich hierauf tiefer eingegangen.

Nun wendet gerade die jüngere Generation ein, man habe schließlich Google & Co und man brauche so etwas Altmodisches wie einen persönlichen Berater nicht mehr. Kann man tatsächlich eine persönliche Beratung durch das Internet ersetzen? Möglicherweise werden die Angebote aus dem Netz in Zukunft besser, als diese in der Vergangenheit waren. Künstliche Intelligenz ist hier das Stichwort. Schon heute gibt es sog. Roboadvisors, also Computer mit künstlicher Intelligenz, die die Anlageentscheidungen übernehmen.

Was die aber alle nicht können ist, die persönliche Situation und die Ziele erfassen. Wenn 2 junge Akademiker mit 25 Jahren vor einem sitzen und beide dasselbe

Gehalt haben, dann bedeutet das nicht, dass die Anlageempfehlung gleich sein sollte. Denn einer ist ledig, Sohn von vermögenden Eltern, gesund und sehr risikobewusst, weil er später mal ein paar Millionen erben wird. Der andere mit demselben Gehalt, stammt aus einem armen Elternhaus, hat eine schwangere Freundin und muss demnächst eine teure 3-Zi-Wohnung bezahlen. Und das in Hamburg, weil dort sein Arbeitgeber seinen Sitz hat.

Nur ein guter und unabhängig agierender Berater oder Du selbst mit gutem Finanzwissen ausgestattet, kannst hier die richtigen Wege gehen. Am besten sogar beides zusammen, also mit gutem Finanzwissen zu einem unabhängigen Berater gehen, denn auch wir lieben gut ausgebildete Kunden. Schließlich suchen wir keine Opfer, denen man etwas *„andrehen"* kann, sondern wollen unsere Kunden jahrelang begleiten und sie zum Erfolg führen.

Egal ob Check24, Smava oder Clark für Versicherungsvergleiche. All diese Portale sind im Grunde genommen Provisionsvermittler, wie ein Makler oder Versicherungsvertreter. Nur das sie eben über das Netz beraten oder manchmal auch gar keine Beratung anbieten. Im Impressum kannst Du dies erkennen.
Check 24 ist z.B. bei Versicherungsvergleichen ein Versicherungsmakler. Also genauso wie der Makler bei Dir vor Ort. Wenn man aber denselben Status hat, warum dann einen Unbekannten über das Internet fragen, statt jemanden der bei Dir im Umfeld wohnt und seit 20 Jahren in dem Beruf Erfahrung hat? Glaubst Du tatsächlich, dass die zumeist sehr jungen Mitarbeiter bei den Internetportalen mehr Ahnung von Vertragsbedingungen haben, als jemand der diesen Beruf richtig erlernt hat und ihn seit Jahren ausübt?

Wenn es nur darum geht es bequem zu haben, dann sollten sich lieber die erfahrenen Kollegen im Internet zeigen, denn es wäre doch besser, als ein Portal zu nutzen bei dem man maximal eine telefonische Hotline hat. Es kommt doch auf die Kenntnisse und Erfahrungen des jeweiligen Mitarbeiters an. Die zumeist jungen Mitarbeiter in den Portalen können zwar gut mit dem PC umgehen, sind aber zumeist nur angelernt, aber nicht richtig ausgebildet. Es kommt immer auf die Menschen an. Der Glaube, wenn ich etwas im Netz oder bei einem Vergleichsportal rechne, dann ist das meist günstiger, als bei einer Fachberatung vor Ort, dieser Glaube ist in der Finanzberatung meistens falsch. Immer wieder diskutieren Kunden mit Verkäufern, wenn sie sehen, dass diese für die Beratung 1.000 € oder 2.000 € verdienen. Wenn aber ein Internetportal Millionen an Euros jeden Monat ausgibt für Fernsehwerbung und diese Kosten durch Provisionen locker wieder einnimmt, dann macht sich niemand Gedanken.

Hinzu kommt, 99 % der Suchergebnisse im Internet richten sich nach dem Preis. Das ist zwar ein wichtiger Faktor, aber sicher nicht der entscheidende. Denn wäre es so, dann würden in Deutschland alle Menschen einen Dacia fahren. Für 10.000 € einen Neuwagen mit 4 Räder und einem Lenkrad. Super, oder? Stattdessen sieht man auf den Straßen mehr BMW, Mercedes und Porsche. Wie kann das sein? Bei den Autos kann man den Unterschied schon äußerlich sehen, ja, man hört ihn sogar. Ein Dacia klingt einfach nicht wie ein Boxer Motor aus einem Porsche. Aber wie ist es bei Versicherungen? Da sieht jeder Zettel gleich langweilig aus. Woher soll man wissen, was der Unterschied zwischen hunderten von Versicherungsbedingungen ist? Und genau deswegen braucht man Finanzwissen oder sollte jemanden fragen, der sich wirklich auskennt.

Die Portale sind gut zur Orientierung, und wenn es etwas sehr einfaches ist wie eine Todesfallversicherung, dann kann man das ruhig online abschließen. Aber bei wesentlichen Verträgen wie Privathaftpflicht, Gebäude, Berufsunfähigkeit oder Krankenversicherungen kann ich das absolut nicht empfehlen. Denn nicht mal, wenn man auf TOP oder Premiumschutz bei den Gesellschaften achtet, ist man sicher. Eine Premiumausstattung bei einem Dacia oder Lada, ist halt was ganz anderes als Premium bei Mercedes, Jaguar oder bei Porsche.

Und es hilft nicht einmal zu überlegen, dass man als junger Mensch schließlich noch keine Luxusabsicherung braucht a la Porsche, denn hier geht es darum, ob beispielsweise bei einer Berufsunfähigkeit die Versicherung Dir jeden Monat 1.500 € bis zur Rente zahlt oder vielleicht gar nichts, weil genau Dein Fall leider in den Bedingungen ausgeschlossen ist. Doch auch Du brauchst eine absolute Premium-Ausstattung, wenn es um Deinen Körper, Deine Gesundheit und Deine Finanzen geht. Insbesondere auch deshalb, weil eine exorbitant bessere Absicherung häufig gar nicht teurer ist oder wenn, dann meist nur 20 oder 30 € im Jahr.

Das obige Beispiel macht für einen 27 jährigen, der erkrankt oder einen Arbeitsunfall erleidet, aber einen Unterschied von 720.000 € aus. Frage Dich einfach, könntest Du auf diese Summe verzichten?

Dein Finanzwissen ist extrem wichtig. Es entscheidet über die Qualität Deiner Anlage- und Sparentscheidungen und die sind wichtig für Dein finanzielles Fortkommen. Leider kann man die Verantwortung eben doch nicht einfach einer KI überlassen. Weder bei einer Bank, noch bei einem Onlineportal. Du kannst, darfst und sollst Dich beraten lassen, aber Du musst immer wissen, wer Dir gegenüber sitzt und Du darfst ruhig einfach mal die Frage stellen, wo denn die Interessen Deines Gegenübers liegen. Ein guter Berater sagt Dir klar und offen, wo und wie er sein Geld verdient und dann kannst Du vernünftig entscheiden.

5. Die Niedrigzinsphase

Die sog. Niedrigzinsphase ist etwas völlig Neues. So etwas hatten wir in den letzten 500 Jahren Börsenerfahrung noch nie. Von daher ist das für viele neu, ungewöhnlich und die meisten haben in den ersten Jahren gedacht, dass das vergehen muss und wird. So kann es ja nicht weitergehen.

Und doch, im Moment sieht es so aus, als würde es weitergehen und das wohl sehr lange. Schließlich ist diese Situation für alle absolut großartig. Der Unternehmer freut sich, weil seine Investitionen nicht mehr so teuer sind. Der Immobilienkäufer freut sich, denn während früher bei 6 % Zinsen ein Haus von 300.000 € mit Tilgung 21.000 € im Jahr gekostet hat, kostet das Haus heute mit derselben Tilgung nur noch 7.500 € im Jahr. Knapp ein Drittel. Und am meisten freut sich der Staat, der für seine vielen Staatsschulden viel weniger bezahlen muss. Zuletzt spart der deutsche Staat sicher rund 50 Mrd Euro an Zinsen - pro Jahr. Also für alle wirklich großartig.

Offenbar lebt es sich ganz gut ohne Zinsen. Und doch sind viele fast panisch und fragen sich ständig, wann das Drama denn aufhört. Aber wie gesagt, im Grunde genommen ist es gar kein Drama. Es ist super, wenn man es für sich nutzt. Und das kann man auf zwei Wegen tun. Entweder man nimmt selbst viele Schulden auf und freut sich daher über niedrige Zinsen, oder man hängt sich an die, die davon profitieren. Das könnten also Unternehmen sein, die für ihre Investitionen nicht mehr so viel bezahlen müssen wie früher.

Wenn man das tut, dann ist der Weg zu dauerhaften Niedrigzinsen gar nicht mehr so schlecht. Nur das Jammern, warum ich auf meinem Tagesgeldkonto nichts mehr bekomme, oder warum die Erträge der Lebensversicherungen nicht mehr so sind, wie ich vor 30 Jahren dachte, dieses Jammern hilft nicht. Es zeigt nur die Unfähigkeit der Menschen, weil sie sich nicht mit dem System auseinandersetzen und weil sie eben nicht wie oben beschrieben, sich Finanzwissen angeeignet haben, sondern sie sich bis heute auf die Aussagen und Versprechungen von Beratern verlassen, die gar nicht ihre Interessen vertreten, sondern die von Konzernen, die jetzt genau davon profitieren.

Die Hauptverlierer der Niedrigzinsen sind die deutschen Sparer. Sie haben sich die letzten 70 Jahre darauf verlassen mit Zinsen auf dem Sparbuch ihr Geld vermehren zu können und bei der Lebensversicherung mit garantierten Zinsen ihre Rente zu erhöhen. Es war schließlich auch so einfach. Selbst der Staat hat Bundesanleihen zu 8 % Zinsen ausgegeben. Das bedeutete, dass sich das Geld der Bürger innerhalb von 10 Jahren mehr als verdoppelte. Wenn Du heute 10 Jahre das Geld auf dem Sparbuch liegen lässt, dann werden aus 10.000 Euro nur noch 10.010 Euro. Ja, Du hast richtig gelesen. Nur 10 Euro in 10 Jahren statt einer Verdoppelung.

Die neue Generation muss klüger sein. Die sog. Generation Y oder Generation Z hat gelernt Fragen zu stellen, Fragen, die die heute 50 - 70 jährigen nie gestellt haben. So lautet die Frage eben nicht, *„warum sind die Zinsen so niedrig"* oder *„wann bekomme ich auf meinem Tagesgeldkonto wieder 4 %"*, sondern die Frage lautet: *„wie kann ich die Niedrigzinsen für mich nutzen?"*

6. Deine ersten Schritte

Du hast die Schule erfolgreich hinter Dir gelassen, oder dieses Ereignis steht kurz bevor. Du weißt, was Du als nächsten beruflichen Schritt unternehmen willst und Du fängst zum ersten Mal in Deinem Leben an, richtig Geld zu verdienen.

Du könntest jetzt, wie so viele vor Dir, sagen: *„Ach ich habe ja noch Zeit mit dem Sparen, ich mach das später, wenn ich mehr Geld verdiene!"* Dann kommt das zweite Jahr und Du verdienst wieder mehr, aber jetzt steht die erste schöne Urlaubsreise an. Dann das Auto, dann die erste Wohnung, neue Möbel braucht man schließlich auch und ein paar neue Klamotten, jetzt wo man arbeitet, die müssen schließlich auch mal sein.

So vergeht dann ein Jahr nach dem anderen und immer hat man das Gefühl, so in den nächsten 2-3 Jahren sollte man schon mal anfangen zu sparen. Schließlich wisst ihr alle mittlerweile, dass das mit der gesetzlichen Rente bei euch nichts mehr wird. Aber immer ist halt gerade was anderes wichtiger. Ja, und wenn dann der nächste Freund oder Freundin kommt, dann will man schließlich mit dem erst mal etwas unternehmen oder schick in den Urlaub fahren. Schließlich will man auch was haben von seinem Geld.

Und wieder vergehen die Jahre fast wie im Fluge, bis man dann - ganz plötzlich - schwanger ist. Ja, dass man jetzt nicht sparen kann, das ist ja klar. Und wenn dann einer der beiden zunächst zuhause bleibt wird es noch teurer, mal ganz davon abgesehen, was so kleine Babys alles kosten. Von Windeln, ständig neue Klamotten, bis hin zu den ersten Schuhen. Alles kostet unglaublich viel Geld. Und soll ich Euch ein Geheimnis verraten, von jemandem dessen Kinder heute schon groß und erwachsen sind? **Große Kinder kosten noch mehr!!!** Wie gerne würde ich heute 5 neue Strampler für 10 € kaufen, aber große Kinder interessieren sich mehr für das neue iPhone für 1.000 € oder schicke Sneaker für 200€.

Was also lernen wir daraus? Es gibt immer etwas, was Dich vom Sparen abhalten wird - wenn Du Dich abhalten lässt. Es ist ausschließlich Deine Entscheidung und ich gebe Dir in den nachfolgenden Kapiteln ein paar Tipps und Hinweise an die Hand, die es Dir erleichtern werden, passende Lebensentscheidungen zu treffen.

Wenn ich all die Jahre zurückblicke, wo ich Menschen bei der Geldanlage unterstützt habe, so konnte ich immer wieder feststellen, dass sie nicht wussten, wo ihr Geld bleibt. Wenn Du ins Berufsleben startest und vielleicht 1.000 € verdienst, dann sind 2.000 € viel Geld für Dich. Für Dich ist völlig klar, dass Du für den Fall dann locker auch 200 € sparen könntest. Steigert sich aber Dein Einkommen von 1.000 € auf 1.100 € und dann zwei Jahre später auf 1.250 €, dann entsteht eine sog. „Wohlfühltemperatur", die dazu führt, dass sich Deine Lebensverhältnisse Deinem Einkommen sofort anpassen. Es fehlt ganz einfach das Gefühl, jetzt Geld zum Sparen wirklich über zu haben.

Es ist schon erstaunlich, dass es fast allen Menschen so geht. Auch diejenigen, die 4.000 € oder 6.000 € netto verdienen, haben dasselbe klamme Gefühl wie Du mit Deinen 1.000 €. Vielleicht hast Du Deine erste Wohnung und zahlst 300 € und der mit den 6.000 € netto zahlt eine Miete von 2.500 €. Aber beide wohnen und beide haben ein Bett und einen Schrank. Und ob Du im Restaurant nun 20 € oder 150 € pro Person ausgibst, macht Dich beides satt. Und beide Male hält es nur bis zum nächsten Tag, dann hast Du wieder Hunger.

Verabschiede Dich also bitte von dem Gedanken, ich fange an, wenn ich mehr Geld verdiene. Dieses Gefühl wirst Du immer haben und wenn Du dem folgst, dann wird Dich dieses Gefühl immer täuschen und dazu führen, dass Du arm bleibst – zumindest aber ohne angehäuftes Vermögen. Das ist die nackte Wahrheit, ob Dir das nun gefällt oder nicht.

Du siehst dieses Phänomen auch an vielen Stars, oder den Lottomillionären. Es ist nachgewiesen, dass 90 % aller Lottomillionäre 2 Jahre nach dem großen Geldsegen wieder pleite sind und meist sogar weniger besitzen, als zuvor. Oder Stars, egal ob Musiker, Fußball- oder Tennisspieler. Sie haben teilweise 100 Mio. Euro verdient und es doch geschafft, am Ende pleite zu sein. Es kann also nicht am Einkommen liegen, sondern an den Ausgaben und es liegt an der Entscheidung, die man für sich und sein Leben trifft.

Fakt ist, Du musst beginnen und anfangen zu sparen. „Einfach machen!" ist hier die Devise.

Normalerweise ist der erste Schritt immer der Schwerste, nur zum Start Deines Berufslebens ist das eben nicht so - und dies ist Deine große Chance, die Du nie wieder im Leben bekommst.

Nehmen wir an, Du fängst eine Ausbildung an. Dann hast Du vorher von Deinen Eltern wahrscheinlich Taschengeld bekommen. Sagen wir mal das waren 200 € und nun gehst Du in die Ausbildung und verdienst im ersten Jahr 500 €. Egal ob das nun mehr oder weniger ist, wahrscheinlich ist es aber höher als Dein bisheriges Taschengeld. Klemmst Du jetzt von Deinem ersten Geld 50 € oder 100 € ab, dann hast Du zwar nur noch 450 oder 400 €, aber Du hast damit immer noch doppelt so viel Geld zur Verfügung wie vorher. Und nicht vergessen: Das angesparte Geld geht Dir darüber hinaus auch nicht verloren und sichert gleichzeitig Deine Zukunft! Das ist Deine große Chance. Einen so großen Sprung wirst Du nicht oft in Deinem Berufsleben haben. Daher nutze ihn.

7. 50 € zur ersten Million

Ob Du nun ab dem ersten Monat Deiner beruflichen Tätigkeit 50 € oder 100 € sparst, das liegt zumeist an der Höhe Deiner Einnahmen, aber das ist hier auch nicht entscheidend. Das wichtigste ist, dass Du beginnst und das so früh wie möglich. Zum Thema Zinseszinseffekt kommen wir später noch einmal zurück.

Eines meiner Lieblingsbücher als Kind, waren die Geschichten von Dagobert Duck. Der reichste Enterich der Welt mit einem riesigen Geldspeicher voller Scheine und Goldmünzen. Aber was hat er in diesem gehütet wie seinen Augapfel? Seinen allerersten selbst verdienten Taler. Diesen hatte er eingerahmt, denn der hat ihm den Weg zu seinem Reichtum geebnet.

Du hast mit den ersten 50 € im Monat den Weg zur Million geebnet. Klingt noch etwas utopisch für Dich? Warte es ab, ich zeige Dir wie dieser Weg sogar viel einfacher ist, als man annehmen könnte. Apropos einfach. An dieser Stelle schreien wieder die Dummköpfe: *„Wenn das so einfach wäre, würde es ja jeder machen"*, aber weißt Du was das Traurige an solchen Aussagen ist? Obwohl es so einfach ist, macht es trotzdem nicht jeder. Wir sind als Menschen nicht dafür gemacht immer nur das zu tun, was Sinn macht. Wahrscheinlich hast Du auch schon Dinge gemacht, wo Du im Nachhinein gedacht hast, warum nur? Wäre gar nicht nötig gewesen.

Oder andersherum. Man macht Dinge nicht, obwohl sie so einfach sind, z.B. für die entscheidende Klassenarbeit lernen. Es hätte nur 3 – 4 Stunden gebraucht für eine bessere Note, aber so müssen manche gleich ein ganzes Jahr wiederholen. Ich kann das aus leidvoller eigener Erfahrung sagen. Ich weiß es heute noch. Es war nur eine entscheidende Arbeit und es fehlten 2 lausige Punkte in der Klausur – aber die waren entscheidend. Manches merkt man immer erst hinterher.

Es ist in der Tat absolut einfach - aber leicht ist es manches Mal nicht. Was ist der Unterschied? Einfach bedeutet, jeder kann es tun. Du musst kein 1,0 Abitur haben, es geht genauso gut mit einem Hauptschulabschluss.

Du brauchst keine besondere Technik, Du musst keine Weltreise machen. Es ist aber nicht leicht, weil es viele Ablenkungen gibt, auf die wir in den nächsten Kapiteln noch genauer eingehen. Oder die Gedanken aus dem letzten Kapitel, dass immer etwas dazwischenkommt. Die meisten finden so gute und so tolle Ausreden, nicht das zu tun, was notwendig ist. Die Erfolgreichen unterscheiden sich am Ende von den weniger Erfolgreichen dadurch, dass sie zwar denselben Ablenkungen ausgesetzt waren, sich davon jedoch nicht von ihrem Weg haben abbringen lassen. Sie tun einfach trotzdem, was sinnvoll und notwendig ist.

Genau deswegen ist es so ungeheuer wichtig diesen ersten Schritt zu gehen. Deswegen ist es so ungeheuer wichtig, mit dem richtigen Mindset und kompetentem Finanzwissen ausgestattet zu sein. Je stärker diese beiden Punkte bei Dir ausgeprägt sind, desto motivierter bist Du, um an dieser Stelle die richtigen Wege zu bestreiten und konsequent den Weg der finanziellen Freiheit zu gehen. Viele werden Dich vielleicht nicht verstehen, aber am Ende werden sie alle - und vor allem Du selber - stolz auf Dich sein.

Wenn Du erst einmal 30 oder 40 Jahre alt bist und in Deinem eigenen Garten sitzt oder Du blickst mit Anfang 60 auf Deinen Kontoauszug mit einem 7 stelligen Vermögen, dann wirst Du nicht zurückblicken und Dir vorwerfen, warum Du in Deiner Jugend nicht noch auf 10 weiteren Partys warst und warum Du nicht gleich einen 3er BMW geleast hast wie Deine Freunde, sondern stattdessen immer das Auto gefahren bist, was Du Dir auch wirklich leisten konntest. Man bereut es später nicht bestimmt sinnlose Dinge nicht gekauft zu haben. Man bereut eher keine Zeit mit seiner Familie oder seinen Kindern verbracht zu haben.

Aber kannst Du Dir vorstellen, dass die anderen mit Anfang 60 auf ihrem Balkon der Mietwohnung sitzen, ohne Geld und Reserven, dass diese dann besonders glücklich und stolz sind auf ihren Status? Glaubst Du das die nicht sagen würden:" *Na klar hätte ich auf das eine oder andere verzichten können, ohne mich wirklich einzuschränken, wenn ich jetzt dafür vermögend wäre? Hätte ich gerne gemacht - hat mir damals ja nur niemand gesagt, wie es wirklich funktioniert.*"

Das ist heute Dein großer Vorteil. Du hast dieses Buch - und Du kennst jetzt den Weg und kannst Deinen Weg ab heute selber bestimmen.

8. Die 50:50 Regel

Die 50:50 Regel ist der Zauberstab auf dem Weg zur Million. Und dieser Weg geht so:

Nachdem Du von Deinem ersten Gehalt 50, 75 oder 100 Euro nimmst und damit Deinen Sparplan eröffnest, gehst Du in den nächsten Jahren wie folgt vor:
Du nimmst jedesmal die Hälfte (also 50 %) der Erhöhung und legst diese ebenfalls auf Deinem Sparvertrag an.

Wenn Du als Beispiel in die Ausbildung gehst und im ersten Jahr 400 Euro Ausbildungsvergütung erhältst, nimmst Du 50 Euro zur Seite und sparst diese an. Im zweiten Jahr erhältst Du eine deutlich höhere Ausbildungsvergütung, z.B. 600 Euro. Das sind 200 Euro mehr. Von diesen 200 Euro nimmst Du die Hälfte und sparst diese ebenfalls. Nun hast Du einen Sparplan mit 150 Euro und verdienst im zweiten Jahr trotzdem mehr und hast mehr Geld zur Verfügung. Wenn im dritten Jahr die Vergütung auf 800 Euro steigt, nimmst Du auch hiervon die Hälfte als Sparbetrag. Dein Sparplan beträgt nun schon 250 Euro und trotzdem verfügst Du monatlich über mehr Geld als im Jahr zuvor. Im ersten Jahr verbleiben Dir 350 Euro, im zweiten Jahr hast Du 450 Euro und im dritten Ausbildungsjahr schon 550 Euro. Jedes Jahr mehr Geld im Portemonnaie und trotzdem jedes Jahr mehr gespart. So macht Sparen am Ende sogar Spaß.

Diese 50:50 Regel ist die einfachste und am leichtesten umzusetzende Formel für finanzielle Freiheit, jedenfalls, wenn man frühzeitig beginnt. Fängt jemand erst mit 40 Jahren an und spart jeweils 50 % seiner nächsten Gehaltserhöhung kommt man bei weitem nicht so schnell ans geplante Ziel.

Vielleicht denkst Du, oh das ist aber schon sehr viel, wenn man 250 Euro im letzten Jahr der Ausbildung spart. Das mag sein, aber dafür hilft es auch wahnsinnig viel. Wir kommen später noch mal auf das Thema Zinseszinseffekt zu sprechen.
Die Formel für großes Kapital lautet immer: **K = G x P x Z** (Die Summe an Kapital (K) ergibt sich aus Geld (G), also Deiner Sparrate mal Prozentsatz (P), mal Zeit (Z)). Dabei ist die Verdopplung der Zeit wichtiger, als die Verdopplung des Geldes. Du kannst also mit dem Faktor Zeit viel mehr erreichen als mit mehr Geld. Daher

ist es auch für junge Menschen bzw. Azubis viel einfacher Millionär zu werden, als für einen Dipl. Ing mit 40 Jahren.

Ich möchte Dir hierfür ein kleines Rechenbeispiel geben:
Die oben genannten 250 Euro ergeben alleine schon nach 45 Jahren ein Kapital von über 1 Million Euro. Alleine damit könntest Du also, als heute 20 Jährige/r, mit 65 Jahren Millionär sein.

Halbierst Du die Zeit und fängst erst mit 42 mit derselben Summe an, dann kommen nur noch 169.000 Euro heraus. Und selbst wenn Du mit 42 Jahren die Summe auf 500 Euro verdoppelst, dann erzielst Du nur 338.274 Euro bei derselben Rendite.

Der Zinseszinseffekt führt also dazu, dass Du später mit mehr Geld nicht dasselbe Ergebnis erreichst. Nur frühes Starten bringt den höchsten Gewinn. *„Zeit ist Geld!"* Dies ist nicht nur ein Sprichwort, man kann es wörtlich nehmen.

Zurück zur 50:50 Regel. Du siehst, es ist wie ich es Dir versprochen habe: total einfach und nicht kompliziert! Du musst dafür auch nicht studieren oder hochbegabt sein.

„*Einfach machen*" ist hier das Motto!

Aus meiner Sicht gibt es nur eine einzige Ausnahme von der Regel.
Oftmals macht man bei vielen Ausbildungen mit dem Schritt in den ersten richtigen Angestelltenjob noch einmal einen großen Gehaltssprung. Verdienst Du in der Ausbildung wie oben dargestellt im letzten Jahr 800 Euro, dann kann es gut sein das sich Dein Gehalt nach der Ausbildung noch einmal verdoppelt. Verdienst Du dann als Beispiel 1.500 Euro, wäre die Steigerung 700 Euro. Wer es kann, macht wieder Halbe - Halbe, aber oft kommt zu diesem Zeitpunkt eine Veränderung in Dein Leben. Die erste eigene Wohnung.

Kostet diese dann im Monat 400 Euro Miete und kommen vielleicht auch noch Fahrkosten hinzu, weil Du keinen Schüler-Studententarif mehr bekommst, dann brauchst Du einfach mehr Geld für das tägliche Leben. Daher machen wir hier die Ausnahme. Dennoch empfehle ich Dir dringend zumindest eine kleine Erhöhung trotzdem zur Seite zu legen. Von den 700 Euro, könntest Du 100 Euro sparen. Von dem Gehalt in Höhe von 1500 Euro gehen dann 350 Euro in Deinen Spartopf und zum Leben bleiben immer noch 1.150 Euro für Wohnung und für Essen. Das funktioniert sehr gut.

9. Die erste Gehaltserhöhung - jetzt zählt's

Ab der ersten Gehaltserhöhung Deines richtigen Angestelltenjobs gehst Du dann wieder konsequent den 50/50 Weg zu Deiner finanziellen Freiheit. Du hast jetzt die ersten Jahre Berufsleben hinter Dir und weißt inzwischen recht gut, dass Du sparen kannst. Du hast jetzt schon einige tausend Euro auf der hohen Kante, während viele Deiner Freunde nicht einmal 500 Euro auf ihrem Konto haben und ständig schon am 20. des Monats auf das nächste Gehalt warten.

Ich verrate Dir ein Geheimnis. Diese Situation wird sich bei Deinen Freunden die nächsten 10 Jahre nicht ändern. Nicht bei einem Gehalt von 1.500 Euro, nicht bei 2.500 Euro und nicht einmal dann, wenn diese Menschen über 5.000 Euro netto verfügen. Manche laufen ständig dem Geld hinterher und werden nie auf die finanzielle Sonnenseite kommen. Es hat nämlich nichts mit dem Einkommen zu tun, wie die meisten glauben.

Du hast es von Anfang an richtig gemacht und hast sofort angefangen zu sparen, ohne jemals auf Geld verzichten zu müssen. Du hast jedes Jahr mehr Geld zur Verfügung, obwohl Du jedes Jahr mehr sparst. Das ist smartes und intelligentes Sparen.

Und gerade jetzt, wo Du so richtig im Job bist, macht es sich bezahlt, von Anfang an die richtigen Schritte gegangen zu sein. Dabei spielt es überhaupt gar keine Rolle, ob Dein Gehalt bei 1.600 Euro liegt oder nach einem Masterstudiengang bei 80.000 Euro im Jahr. Deine Sparrate behältst Du bei und erhöhst diese immer dann, wenn Du eine Gehaltserhöhung bekommst.

50 % der Gehaltserhöhung in den Sparplan, 50 % der Gehaltserhöhung mehr zum Leben. So steigt auch Dein Lebensstandard immer weiter an, so musst Du nie verzichten.

Wichtig dabei ist, dass das Sparen leicht und automatisch passiert. Man muss gar nicht mehr darüber nachdenken.

10. Ab dem 2. Mal fängt es an Spaß zu machen

Das lustige am Sparen ist, dass je länger man das tut und je konsequenter man es umsetzt, desto einfacher wird es. Man muss gar nicht - wie eben beschrieben - groß drüber nachdenken, ob und wie man die nächsten Schritte geht, man macht es einfach und der Erfolg kommt automatisch.

Später werden Deine nächsten Gehaltserhöhungen nicht mehr so hoch ausfallen wie am Anfang, außer Du machst große Karrieresprünge. Aber auch, wenn es nur 20 Euro mehr sind, steigt Dein Sparbetrag eben um 10 Euro. Die fixe Summe ist nicht entscheidend. Am Ende kannst Du es ja auch gar nicht beeinflussen, ob die Gewerkschaft nun 1,5 % Lohnerhöhung, oder 4 % Erhöhung durchsetzt. Nimm das, was kommt, und setze Deinen Plan um.
Nur das zählt.

Es ist eher eine Sache der Umsetzung, als des großen Zaubers. Du kennst die Geschichten vielleicht. Viele glauben, sie bräuchten den großen Lottogewinn um reich zu werden, oder zumindest mal die Chance bei Günter Jauch auf dem *„Wer wird Millionär"* Stuhl zu sitzen, und sei es nur um dort 32.000 Euro, oder vielleicht 125.000 Euro zu gewinnen. Aber sicher hast Du das auch schon mitbekommen, die meisten die sich wünschen und davon träumen auf diese Weise mal zu Geld zu kommen, haben sich weder bei RTL angemeldet, noch geben sie jemals einen Lottoschein ab. Aber nur vom Träumen ist noch niemand reich geworden.

Du aber kannst Deinem Geldwachstum zuschauen. Du brauchst nicht hoffen und beten, Du bist ins Handeln gekommen. Und damit überlässt Du Dein finanzielles Schicksal nicht dem Zufall.

11. Deine Freunde planen Urlaub auf Hawaii?
- Du planst ein Leben auf Hawaii

Du wirst es immer und immer wieder erleben, dass die Leute um Dich herum angeblich mehr Geld haben, als Du. Sie können abends in Bars viel mehr Geld ausgeben, tragen bessere Kleidung als Du, fahren schon früh das dickere Auto und machen auch coole Urlaube. Ja, das sind alles schöne Dinge und Du sollst auch nicht darben und die ganze Zeit keinen Spaß haben.

Mach Dir aber bewusst, dass das was Du dort siehst, nur die Hülle ist. Es ist wie auf Instagram. Jeder zeigt sich nur von seiner angeblich besten Seite und wie schön und wie toll das Leben ist. Aber das ist zu 99,9 % nicht real. Die meisten Dinge, die Du dort siehst, gehören diesen Menschen nicht. Die Autos sind geliehen, oder sie springen nur kurz auf die Straße, wenn dort ein Ferrari steht und lassen sich davor fotografieren.

Freunde geben Geld in Bars aus das sie nicht haben. Sie überziehen ihr Konto und schenken der Bank 12 % Überziehungs- bzw. Dispozinsen, weil sie angeblich JETZT leben wollen. Das ist ein rühmlicher Gedanke und ist auch verlockend, aber am Ende betrügt man sich selbst. In Tat und Wahrheit läuft man nämlich so ständig seinem Leben hinterher. Man kommt nie zur Ruhe. Immer ist man ein Gehetzter seiner Wünsche. Immer ist es das nächste Auto das wichtig ist, der nächste Urlaub, der besser und teurer sein muss, als der letzte.

Und wenn man alles über den Dispo bezahlt, dann zahlt man für den Urlaub noch bis ins nächste Jahr hinein, obwohl man schon lange wieder zuhause ist. Kommt dann noch eine weitere unerwartete Ausgabe hinzu, so nimmt man wieder einen weiteren Kredit auf, ohne die alten Schulden bereits bezahlt zu haben. Das ist ein Teufelskreis, kein freies Leben!

Mach Dir klar, dass die Freunde vielleicht jetzt eine Reise nach Hawaii für zwei Wochen auf Pump machen, Du aber in der Lage sein wirst mit Deiner Strategie später 2 Monate oder gar 2 Jahre Urlaub auf Hawaii machen zu können. Denn, wenn die anderen in 20 Jahren sich immer noch von Monat zu Monat schleppen, haben Deine Sparpläne und Dein konsequentes Sparen schon große Früchte getragen und Du hast so viel Kapital angehäuft, dass Dir später finanziell nichts mehr passieren kann. Egal ob Du voll arbeitest oder später andere Wege gehen wirst.

12. Gefahren von Freunden und der Familie

Lass Dich von Deinem persönlichen Umfeld bitte nicht beeindrucken. Geh Deinen Weg konsequent weiter und lass Dich von nichts und niemandem davon abhalten. Vertraue in Gelddingen immer nur den Menschen, die weiter sind als Du selbst. Nur denjenigen, die selber sparen, die selber Vermögen statt Schulden aufbauen und die dieselben Ideen und Visionen zu diesem Thema haben wie Du.

Es ist ungeheuer wichtig sich nicht ablenken zu lassen. Es ist ein besonderes Zeichen von erfolgreichen und damit meist auch reichen Menschen, dass diese zumeist sehr fokussiert sind. Sie haben ein Ziel, und sie tun alles was nötig ist, um es zu erreichen. Ablenkung gibt es immer. Ob in Form von schönen Dingen, oder anderen Menschen, die Dir angeblich nur helfen wollen.

Diese Ablenkung kann auch von Seiten Deiner Familie kommen. Da sind oft Eltern oder Großeltern, die auf der einen Seite durchaus stolz auf Dich sind, auf der anderen Seite Dich möglicherweise sehr schnell beschwichtigen wollen. Da kommen schnell mal Sätze wie: *„Na ja so viel muss Du ja auch nicht sparen, 100 Euro tun es ja auch"* oder vielleicht: *„Du hast doch jetzt schon x-tausend Euro liegen, das reicht doch erst Mal"* oder noch viel schlimmer: *„Du kannst Dir den neuen 50 Zoll Fernseher doch locker leisten, da liegen doch x-tausend Euro auf Deinem Konto."*

Lass bitte UNBEDINGT bei solchen Aussagen alle Alarmglocken angehen. Diese Aussagen sind wahnsinnig gefährlich, weil Du Deine ganze Arbeit der letzten Jahre und vor allem die Arbeit der Zinseszinsen der nächsten Jahrzehnte binnen kürzester Zeit kaputtmachen kannst.

Diese Menschen sind nicht böse und sie wollen Dir auch nicht bewusst schaden, sie tun es manchmal sogar im besten Gewissen - und dennoch können sie riesige Schäden anrichten. Du musst darauf vorbereitet sein, deswegen diskutieren wir das an dieser Stelle ausführlich. Der Hintergrund ist zumeist, dass sie es selbst anders gemacht haben. Sie hatten meist keinen Plan zum Sparen, haben, wenn überhaupt, spät damit angefangen und sind zu 99 % finanziell nicht besonders erfolgreich. Denn niemand, der diesen Weg bereits erfolgreich gegangen ist, oder der selbst Millionär geworden ist, würde Dir jemals vorschlagen Teile Deines

Sparvermögens zu nehmen, um einen Fernseher oder eine Reise davon zu bezahlen. Niemand, der die Wichtigkeit dieses Sparprogramms kennt, würde auf die Idee kommen Dir zu sagen, Du hättest jetzt genug gespart und weniger würde auch reichen.

Solche Vorschläge kommen immer von denjenigen, die diesen Weg nicht gegangen sind. Und wenn Du finanziell dort ankommen willst, wo diese Menschen stehen, dann folge deren Rat. Möchtest Du hingegen besser dastehen, dann musst Du auch neue und andere Wege gehen. Das hat nichts damit zu tun, dass Du diese Menschen, erst Recht nicht Deine Familie, meiden solltest. Nur überlege Dir gut, von wem Du finanzielle Ratschläge annehmen willst. Du fragst ja auch nicht Deinen Klempner-Freund nach medizinischen Ratschlägen, sondern einen Arzt, oder zumindest einen Freund, der schon im 6. Semester seines Medizinstudiums ist.

13. Niemals Schulden machen

Ich habe es oben schon angesprochen. Urlaube, Autos oder Wohnungseinrichtung auf Pump zu kaufen, sind ein echtes No-Go. Wer rund 12 % Zinsen auf seinem Dispo bezahlt, ist nicht frei in seiner Kaufentscheidung, wie es Dir die Werbung suggerieren will, sondern ist ein armer Wicht.

Was ist denn das für ein Gefühl wenn Du auf dem Sofa liegst und weißt, dass Dir nur die Armlehne gehört, aber eigentlich liegst Du auf dem Schoß der Bank. Denn während Dein 2.000 Euro Sofa auch nach den ersten Raten vielleicht immer noch mit 1.600 Euro in der Kreide steht, ist es auf Ebay Kleinanzeigen nur noch 200 Euro wert, würdest Du es morgen wieder verkaufen müssen.

Oder noch schlimmer bei der Urlaubsreise, Da bist Du schon wieder aus dem Urlaub zurück und fühlst wie die ganze Erholung schon wieder schwindet, da fängt die Bank erst an die Raten einzuziehen. Das kann doch nicht gesund sein.

Das gilt im Übrigen auch für die immer beliebteren 0% Finanzierungen. Der eine oder andere wendet vielleicht ein, das ist doch toll. Jetzt kaufen und später zahlen und das in bequemen Raten - und das Ganze noch komplett gebührenfrei. Das muss doch einfach gut sein.

Wo ist also der Haken und warum sollte man das niemals tun? Am Ende gibt es sogar mehrere Gründe aus völlig unterschiedlichen Gesichtspunkten, die dagegen sprechen. Fangen wir mal ganz anders an. Nämlich mit Esoterik und Energie. Wer sich damit noch nicht beschäftigt hat, der mag sich an dieser Stelle wundern. Aber Geld ist auch Energie. Und wenn Du Dinge auf Kredit kaufst, dann hat das eine andere Energie, als wenn Du sie cash bezahlst. Du und vor allem Dein Unterbewusstsein weiß, dass das Gerät nicht wirklich Dir gehört. Es sendet keine Kraft aus. Du fühlst Dich auch nicht so gut, als wenn es wirklich Deins wäre. Du weißt, Du gibst mit Dingen an, die Du Dir eigentlich so nicht hättest leisten können. All das spielt unterbewusst eine große Rolle.

Deine Bonität leidet darunter. Vielleicht hast Du den Begriff Schufa schon einmal gehört. Die Schufa ist eine private Organisation, die Daten sammelt und diese insbesondere Banken zur Verfügung stellt. Hier wird festgehalten, wo Du Konten hast, auch Versandhauskonten übrigens. Die wissen, wo Du Deinen Handyvertrag hast und vor allem sammeln sie Kreditverträge und sogar Kreditanfragen. Die Schufa weiß so ziemlich alles von Dir.

Wenn Du später einmal für eine Wohnung, oder ein eigenes Haus ein Darlehen aufnehmen möchtest - und das ist das einzige Darlehen, was hier gestattet ist - dann ist es zwingend notwendig, dass Du bei der Schufa gut dastehst. Finden sich in der Auskunft jedoch diverse Einträge von Darlehen oder nicht gezahlten Verträgen, dann riskierst Du, Dein Traumhaus nicht zu bekommen. Könnte das eine 0 % Finanzierung wert sein?

Warum also gibt es dann diese Finanzierungen und warum machen Banken so etwas, wenn sie nichts daran verdienen? Die Antwort Nr. 1 lautet: Daten! Und Antwort 2 lautet: Bequemlichkeit. Mittlerweile gibt es ja sogar Angebote mit einem Minuszins von 0,4 %. Ist Dir aber mal aufgefallen, dass das nur für einen Betrag von 1.000 Euro gilt? Was ist der Sinn?

Wenn Banken Geld gegen Zinsen verleihen wollen, dann haben sie großes Interesse daran zu wissen, wer Geld braucht und wer bereit ist, einen Kredit aufzunehmen. Zusätzlich zu den bestehenden Kunden, suchen alle Banken auch immer nach Neukunden. Diese können sie z.B. über Anzeigen generieren oder über Social Media, wo man sog. Leads generiert. Das sind Kontaktanfragen von potenziellen oder bestehenden Kunden. Für den Bereich Darlehen kostet so ein Kontakt in der Regel um die 40-100 Euro, damit man einen konkreten Namen mit Adresse, Telefonnummer und Email erhält.

Die ersten Banken kamen nun auf die Idee, Darlehen von 1.000 Euro zu einem Zins von Minus 0,4 % anzubieten. Der Kunde zahlt in einem Jahr also nur 996 Euro zurück. Das Darlehen ist hier eigentlich egal. Am Ende hat die Bank einen Kontakt zu einem Kunden für 4 Euro. Und nicht nur, dass sie einen Kontakt hat, der hat sogar schon mal einen Vertrag bei dieser Bank unterzeichnet. Also ist er vertrauensvoll und er vertraut der Bank. Besser geht es nicht. Dieses Darlehen ist also eigentlich gar kein Darlehen, sondern eine reine Werbung, um Neukontakte zu gewinnen. Hat man dann diesen Vertrag abgeschlossen, beginnt für die Bank erst das eigentliche Geschäft. Sie hat nämlich gar kein Interesse daran, dass der Kunde das Darlehen planmäßig zurückzahlt. Vielmehr versucht sie ständig, die Summe zu vergrößern. Also schreibt sie den Kunden nach 3-6 Monaten an und beglückwünscht ihn zu seinem tollen Kredit und schlägt ihm vor, weil er doch so ein guter Kunde ist, einfach nochmals 3.000 Euro auszuzahlen, um sich *„langgehegte Wünsche"* zu erfüllen. Die Rate kann sogar gleich bleiben, es würde sich für den Kunden gar nichts ändern. Wer würde da nicht zuschlagen bei einer so netten Bank? Was sie an der Stelle dann nicht erwähnt ist, dass dann beide Darlehen zusammengefasst werden zu einem neuen Darlehen und beide dann plötzlich einen Zins haben von 9,9 %. Dem Kunden wird jedoch nur gesagt, Deine Rate bleibt gleich. Dass die Restlaufzeit jedoch statt weitere 6 Monate, jetzt plötzlich 4 Jahre aufgrund der Zinsen beträgt, das erfährt man nur nach sehr langem Suchen und Nachfragen. Und selbst wenn später die 3.000 Euro fast zurückgezahlt sind, bietet die Bank Dir später an, bei gleicher Rate auf 6.000 Euro zu erhöhen. So geht es immer weiter und Du bist in der Schuldenspirale gefangen.

Kunden, die einmal ein Darlehen aufnehmen, sind immer geneigt später weitere Darlehen aufzunehmen. Daher sind sie ein beliebtes Opfer der Banken. Daher hier nochmals der dringende Rat: Nimm gar nicht erst irgendeinen Kredit auf, es sei denn für echte Investitionen wie Immobilien. Ansonsten sei Barzahler.

14. Jetzt hast Du Zeit den Aktienmarkt kennenzulernen

Wir haben im Kapitel Niedrigzinsen schon festgehalten, dass die alten Regeln Deiner Eltern und Großeltern für Dich nicht mehr gelten. Diese konnten mit einigermaßen gutem Gewissen eine Lebensversicherung besparen, oder sich regelmäßig Bundesschatzbriefe zulegen. Diese haben in guten Zeiten Zinsen von 6-8 % gebracht, was zu einer Verdreifachung des Geldes nach 30 Jahren geführt hatte. Hinzu kam, dass die Auszahlung früher komplett steuerfrei war, was dazu führte, dass Alternativen mindestens hätten 10 % Rendite bringen müssen, um besser zu sein als eine sehr sichere Lebensversicherung. Es hat seinen Grund, warum es in Deutschland immer noch mehr Lebensversicherungen als Einwohner gibt - nämlich rund 94 Millionen Verträge.

Während früher der klassische Sparer einer Lebensversicherung mit 100 Euro monatlich nach 30 Jahren ein Kapital von 117.000 Euro erhielt, würdest Du heute - eher mit Glück - 41.000 Euro erhalten. Macht das Sinn - ich denke nicht.

Du musst Dich also zwingend mit dem Aktienmarkt und anderen realen Investitionen auseinandersetzen. Denn nur hier, im Rahmen der Investmentfonds, hast Du die Möglichkeit mit kleinen Beträgen auch sog. Bruchteile zu kaufen. Würdest Du versuchen mit 100 Euro direkt Aktien zu kaufen, dann würdest Du bei vielen kläglich scheitern. Ist der Preis einer Aktie z.B. bei 500 Euro, müsstest Du ja 5 Monate warten, um überhaupt investieren zu können, ist der Kurs zwischenzeitlich auf 510 Euro gestiegen, wartest Du noch einen Monat länger. Zum Sparen ist dieser Weg leider völlig ungeeignet.

Fonds haben den Vorteil, dass es sich bei ihnen im Grunde um einen großen Sammeltopf handelt, worin sich viele Aktien befinden und alle zusammen einen Manager bezahlen, der das Kaufen und Verkaufen der Aktien übernimmt. Hinzu kommt, dass die Fonds alle staatlich kontrolliert werden, sodass Du in Deutschland sehr sicher sein kannst, dass kein Manager mit Deinem Geld abhauen kann. Letzterer hat aufgrund der Regularien gar keinen Zugriff aufs Geld. Er entscheidet lediglich über die Verteilung der vielen Anlagen, und wird nach Erfolg bezahlt. Im Grunde genommen ist es genau so, wie Du es wahrscheinlich selbst machen würdest. Stell Dir vor, Du und 100 Freunde haben alle zusammen jeweils Geld, das ihr zusammen anlegen wollt. Jeder weiß, dass es einfacher ist eine große Summe anzulegen, als kleine Beträge. Mit viel Geld hast Du immer mehr Möglichkeiten, als mit wenig Kapital. Wenn nun jeder Deiner Freunde 20.000 Euro hat, dann hättet ihr zusammen 2 Mio. Euro und wahrscheinlich würde man dann auch eine Person der Gruppe bestimmen, die sich hauptsächlich um die Investments kümmern soll, und dieser würde man dafür etwas vom Ertrag abgeben. Genau so funktioniert auch ein Investmentfonds. Im Grunde ist es also viel einfacher, als die ganzen Bankregularien und Fachbegriffe es vermuten lassen.

Neben dem Verständnis über einen Investmentfonds, sollte man ergänzend die verschiedenen Arten kennen. Zunächst unterscheidet man sie danach, was sie kaufen. Das können in der Regel Aktien sein, dann ist es ein Aktienfonds. Einen Fonds, der festverzinsliche Wertpapiere kauft, nennt man Rentenfonds. Als drittes gibt es diejenigen, die Immobilien kaufen, dies sind dann Immobilienfonds. Alle anderen sind in der Regel ein Mix aus diesen drei Gruppen. So kaufen vermögensverwaltende Fonds meistens nur 30 % oder
50 % Aktien und den Rest investieren sie in Wertpapiere oder Immobilien, manchmal noch mit ein wenig Gold, das meist aber auch nicht real vorliegt, sondern wiederum in Form von Wertpapieren, die den Anspruch auf Gold belegen.

Darüber hinaus teilt man Fonds nach einer Region auf. So kaufen manche Fonds nur deutsche, andere europäische, amerikanische oder
chinesische Aktien. In der Regel kannst du heute Deinen Investitionsbereich ganz individuell abdecken.

Aufgrund der fachspezifischen Managementgruppen ist es nicht nötig selbst z.B. alle im Fonds enthaltenen chinesischen Unternehmen zu kennen, sondern Du entscheidest nur, ob Du grundsätzlich Dein Geld dort investieren willst. Findest Du das gut, dann mache das. Möchtest Du das nicht, wählst Du einfach einen Fonds, der woanders investiert. Du entscheidest also völlig selbst über die Anlageform.

Ebenso kann man die Fonds nach der Art der Unternehmensgruppen unterscheiden, in die sie investieren, also nicht einfach nur Deutschland oder China, sondern z.B. nur Unternehmen aus den Bereichen Umwelttechnik, Pharma, Biotech oder

Technologie. Du siehst, Du kannst mit einem Investmentfonds unglaublich viel Einfluss nehmen auf die Art und Weise, wie und worüber sich Dein Geld in Zukunft vermehren soll.

Nun sagt der eine oder andere von Euch: *„Sicher, aber ich weiß doch gar nicht, was wirklich gut ist.“* Das ist nicht schlimm. Dann nimm am Anfang den Rat eines guten Beraters an. Wenn Du Kunde bei mir bist, dann wählen wir in der Regel einen Mix aus 5 verschiedenen Regionen und Themen aus und starten erst einmal durch. Das Schöne ist aber, dass Du später, wenn Du mehr Ahnung und Ideen hast, selbst immer mehr Einfluss auf Deine Geldanlage nehmen kannst. Dafür ist es aber wichtig, dass man Verträge schließt, die einem genau diese Freiheit ermöglichen.

Unsere Eltern und Großeltern, die alte Kapitallebensversicherungen kauften, konnten genau dies nicht. Sie zahlten einfach Geld an die Versicherung und diese machte mit dem Geld was sie wollte, oder eben auch nicht. So mussten und müssen noch heute die Versicherungsgesellschaften den Großteil der Sparbeiträge der Kunden in Bundesanleihen des Staates investieren, was bei weiter sinkenden Zinsen keinen Sinn macht. Das passiert eben, wenn man keine Eingriffsmöglichkeiten hat. Da hat man möglicherweise vor 15 Jahren einen solchen Vertrag, im Alter von 20 Jahren, für die Rente abgeschlossen, hat heute noch 30 Jahre vor sich - und merkt nun, dass dieser Vertrag keine Chance hat, tatsächlich für die Rente einen wichtigen Beitrag zu leisten. Da hilft es dann meist nur noch, sich mit Verlusten aus dieser Art von Verträgen zu befreien. Das möchte ich Dir ersparen, daher ist es so unfassbar wichtig, die richtigen Verträge zu schließen, in denen man **Summe**, **Art** und **Form** der Geldanlage flexibel verändern kann.

Wir haben nun über viel Technik gesprochen, über Länder, Manager und Unternehmensformen. Aber was ist nun der konkrete Vorteil für Dich Deine Altersvorsorge oder generell das Sparen mit solchen Investmentfonds umzusetzen?

Natürlich in erster Linie die Zinsen, oder wie es hier richtig heißt, die Wertentwicklung. Wie ja schon im Kapital Niedrigzinsen erläutert, wird es auf absehbare Zeit keine Zinsen bei der Bank für Geldanlagen geben. Das bedeutet aber nicht, dass man sein Geld nicht rentabel anlegen kann. Nur eben nicht mehr am Bankschalter. Die gesamte wirtschaftliche Entwicklung auf diesem Planeten läuft über die Unternehmen. Diese entwickeln ein Produkt, verkaufen dies und nehmen so Geld ein. Sie stellen Mitarbeiter ein, zahlen Steuern und versuchen mehr und bessere Produkte zu produzieren und zu verkaufen. Das ist in allen Ländern gleich.

Das bedeutet, dass die gesamte Entwicklung bei den Unternehmen beginnt. Sie sind diejenigen, die Geld im gesamten Kreislauf entstehen lassen. Alles andere kommt danach. Ist es daher jetzt auch für Dich nachvollziehbar, dass dort der größte Ertrag entsteht? In der Folge müssen also auch Zinsen für Kredite an die Bank niedriger sein als der Ertrag, den das Unternehmen erzielt. Denn wären diese höher, dann könnte kein Unternehmen dauerhaft überleben. Es ist daher intelligent sich an die Spitze der Entstehung des Geldes zu setzen.

Der zweite bedeutsame Punkt ist, dass die Investmentfonds selbst einen Geldpool darstellen. Sie investieren in 100, die größten unter ihnen auch in über 500 einzelne Unternehmen. Damit wird gleichzeitig das Risiko der Geldanlage gemindert. Hätte man nur wenige Unternehmen im Pool vertreten würde das Risiko, dass ein einzelnes Unternehmen falsch liegt und bankrott geht, ungleich höher sein. So jedoch ist die Verteilung hoch. Hättest Du selbst 50 Mio. Euro, dann würdest Du es wahrscheinlich auch nicht alles in ein Projekt stecken, sondern viele verschiedene Möglichkeiten der Anlage suchen. Das macht der Fonds-Manager auch - nur sehr viel professioneller als Du es könntest.

Ein dritter wichtiger Punkt ist die absolute Flexibilität eines Investmentfonds. Jeder Fonds liegt in einem sog. Depot. Ein normales Depot funktioniert fast wie ein Girokonto. Mit derselben Flexibilität kannst Du dort jeden Tag Geld einzahlen oder abheben. Du kannst regelmäßig sparen, Deine Sparrate jeden Monat ändern oder der Bank den Auftrag geben nur alle 3 Monate Geld von Deinem Konto einzuziehen. Du kannst jederzeit größere Beträge einzahlen und alles oder auch nur Teile davon wieder entnehmen. Mehr Flexibilität geht wirklich nicht. Wenn Du also noch nicht genau Deine Einnahmen und Ausgaben kennst, kannst Du das Depot immer für alle Reserven nutzen. Und unabhängig davon, ob Du dort 100 Euro oder 100.000 Euro liegen hast, Du bekommst immer dieselbe Wertentwicklung gutgeschrieben. Das ist die einzige Anlage, die ich kenne, die einen ganz kleinen Sparer genauso gut behandelt wie den Millionär. Ein Investmentfonds ist gelebte Demokratie.
Jetzt hast Du die Grundlagen eines Investmentfonds kennengelernt und verstanden

und weißt damit etwas anzufangen. Wahrscheinlich hast Du jetzt schon mehr Wissen als 50 % der Anleger am Markt, die diese Produkte bereits nutzen. Fühle Dich also gewappnet zu starten.

15. Das erste Kind kommt

Erstens kommt es anders und zweitens als man denkt. So lautet eine immer wieder zutreffende Weisheit. Das Kinderkriegen ist etwas Wunderschönes. Ich habe schließlich selbst zwei Töchter, die heute bereits erwachsen sind. Ob es nun geplant war oder nicht, ein Kind ändert im Leben erst einmal alles. Auch finanziell. Daher ist es gut, wenn man darauf vorbereitet ist und nicht erschlagen wird von den Veränderungen. Mit etwas intelligenter Vorbereitung Deiner Finanzen wird es auch kein finanzielles Desaster, das haben andere schließlich auch schon geschafft.

Du hast nach unserem Plan von Deinem Azubigehalt einen Teil weggelegt und in den Jahren diese Summe ständig aufgestockt. Nun hast Du damit nicht nur eine gute Sparrate, sondern Du hast auch eine Reserve aufgebaut mit einem Guthaben. Du bist außerdem gewohnt, von dem Rest Deines Gehaltes zu leben. Damit hast Du einen großen Vorteil gegenüber anderen Freunden und Bekannten, die diesen Weg nicht gegangen sind.

In meinem Beispiel von oben verdienst Du nach der Ausbildung 1.500 Euro und sparst davon 350 Euro. Macht Dein/e Partner/in dasselbe, dann spart ihr zusammen 700 Euro und habt zusammen zum Leben gemeinsam 2.300 Euro. Davon lebt es sich in jungen Jahren zu zweit richtig gut. Andere Paare, die genauso viel verdienen wir ihr, geben einfach nur mehr aus, ohne ein besseres Leben zu führen.

Gerade in Zeiten, wo die Eltern ein sog. Elterngeld erhalten und auch noch Kindergeld hinzukommt, ist das mit den finanziellen Folgen des Kinderkriegens nicht mehr so schwierig. Bei dem Nettogehalt von 1.500 Euro erhältst Du nach heutiger Regelung 920 Euro Elterngeld, sowie Kindergeld ab dem 1.1.21 von 219 Euro. Das sind zusammen 1.139 Euro und damit gerade mal 11 Euro weniger, als zuvor. Die Folgen sind für Dich persönlich also überhaupt nicht so dramatisch wie man es sich vorstellen könnte.

Nun muss man natürlich für Kinder auch zusätzliches Geld ausgeben, das ist klar. Da ihr vorher zusammen aber schon sehr gut gelebt habt, könnte man sich sicher etwas einschränken - gerade für so ein zauberhaftes Lächeln, das euch erwartet.

Du hast die Möglichkeit für die Zeit des Elterngeldes Deine Sparrate einzufrieren, sodass Du in dieser Zeit ausnahmsweise einmal nicht sparst, sofern es wirklich nicht geht. Du erkennst auch in diesem Beispiel den großen Vorteil des Sparens, weil er Dir immer weitere und neue Möglichkeiten eröffnet, flexibel auf die Veränderungen in Deinem Leben zu reagieren. All diejenigen, die ihr Geld jeden Monat einfach ausgeben und keine Reserven gebildet haben, erwarten jetzt natürlich große Einschränkungen. Diese haben im selben Fall statt 1.500 Euro plötzlich nur noch 1.139 Euro verfügbar und haben vorher nicht sparen können. Und jetzt mit dem Baby - wo sie sogar mehr ausgeben müssen - haben sie auch noch weniger Geld. Dann rächt es sich, nicht gelernt zu haben mit Geld besser umzugehen und es wird für diese Menschen besonders schwer. Sei also gewappnet und immer gut vorbereitet.

Du siehst, auch im Falle einer der größten Veränderungen im Leben, die man sich nur vorstellen kann, hilft einem das Sparen weiter. Es ist eben nicht so, wie die meisten denken, man spare nur für später. Nein, man spart jetzt für das Heute und hat etwas davon. Man schafft Sicherheit, man schafft Werte, man lernt besser mit Geld umzugehen und man bekommt ein gutes Gefühl und damit ein höheres Selbstbewusstsein, wenn Reserven vorhanden sind.

16. Während Deine Freunde weitere Schulden machen, hast Du schon erstes Vermögen aufgebaut

Ob nun mit oder ohne Kind, das Leben spielt sich immer in gewissen Zyklen ab. Man lernt den Umgang mit Geld von seinen Eltern oder Großeltern. Manchmal auch von einer guten Kindergärtnerin und sehr selten in der Schule.

Wenn wir ein paar Jahre nach vorne schauen, dann hast Du mit Deiner monatlichen Sparrate bereits ein kleines Vermögen aufgebaut. Deine Freunde sehnen sich jedes Jahr nach der nächsten Gehaltserhöhung, um die Leasingraten für ihr überteuertes Auto zahlen zu können, während sie sich schon wieder Gedanken um das nächste Auto machen. So ist nie alles bezahlt, der Schuldenberg steigt und darüber hinaus haben sie nie selber Kapital aufbauen können. Konsum, Kredite und Leasingverträge führen immer dazu, dass Du noch in der Zukunft arbeiten musst, um Deine Einkäufe der Vergangenheit zu bezahlen. Das ist totaler Irrsinn.

Du gehst den anderen Weg. Statt immer neue Autos mit immer höheren Leasingraten zu finanzieren, wächst Dein Vermögen. Du sparst einige hundert Euro jeden Monat. So sind nach 5-6 Jahren leicht und locker 20. - 30.000 Euro zusammengespart. Wenn Du einen Freund oder eine Freundin hast, die mit Dir gemeinsam diesen Weg geht, dann habt ihr in jungen Jahren mehr Kapital aufgebaut, als viele Rentner nach 45 Arbeitsjahren. Alleine das sollte einen so sehr motivieren weiterzumachen und nicht aufzuhören, denn jetzt wird es erst so richtig interessant.

Denn je größer das bestehende Kapital ist, desto schneller wächst es. Wir gehen gleich im Kapitel Zinseszinseffekt mit ganz vielen Beispielen darauf ein. Was Du auch beachten solltest, ist folgendes: **Prahle nicht mit Deinem Vermögen**. Erzähle am besten gar nicht davon. Denn wenn Du Freunden erzählst, dass bei Dir auf dem Konto gerade 20.000 Euro liegen, dann kommt der eine oder andere sehr schnell auf die Idee, sich Geld von Dir leihen zu wollen. Allerdings wollen sich meist die Menschen Geld leihen, die zum einen nichts haben, zum anderen auch nicht damit umgehen können. Du bist keine Bank. Du sparst für Dich. Motiviere andere gerne, nicht so viel auszugeben und nicht Geld zu verschwenden, gebe ihnen dieses Buch zu lesen. Aber verleihe bitte kein Geld. Die einzige Ausnahme ist die eigene Familie, wenn dort wirklich jemand in Not ist. Und auch hier nur dann, wenn es nicht anders geht.

Ich sage das deswegen, weil es natürlich schon viele gegeben hat, die es anders gemacht haben. Die haben im Freundeskreis immer gezeigt, wie viel auf dem Konto liegt. Freunde sind dann feiern gewesen und meinten, Du könntest heute mal die gesamte Runde bezahlen, schließlich hast Du ja genug, während die anderen 12 % auf ihren Dispo bezahlen müssen. Aber so wird das nichts. Am Ende mindert es Deine Motivation und das wäre fatal.. Es gab nämlich schon Fälle, die Dritten Geld liehen und dieses nie wiedergesehen haben. Am Ende haben sie dann selbst aufgehört zu sparen, weil es ja nichts bringt, wenn man nichts übrig behält. Schließlich wechseln sie dann das Lager und schließen sich denen an, die stets ihr ganzes Geld ausgeben und immer über ihre Verhältnisse leben.

Daher noch mal ganz deutlich:
Du sparst für Dich. Nicht für später, sondern für jetzt; Monat für Monat; sei sparsam und schweigsam.

In Deutschland gibt es das Sprichwort: *„Über Geld spricht man nicht"*. Ich ergänze das und sage, über Geld spricht man nicht mit denen, die davon nichts verstehen. Du redest ja auch nicht 3 Stunden über Fußball mit jemandem, der sich nicht für Fußball interessiert. So ist es auch mit dem Thema Geld. Wenn Du mit Menschen mit dem gleichen Mindset und Verständnis über Geld redest, dann tauscht ihr euch aus, dann redet ihr über Investitionsmöglichkeiten und darüber, wo Du zuletzt gute Gewinne gemacht hast, ob man lieber dem Aktientrend oder doch besser auf Immobilien setzt. Der eigene Kontostand hat damit nichts zu tun!

Redest Du aber mit Menschen über Geld, die keines haben, die immer feststellen, dass sie zu wenig davon besitzen, dass alles so teuer geworden ist, dass Geld auch nicht glücklich macht, dann motiviert es Dich nicht. Es liefert Dir auch keine gewinnbringende Information. Und wenn es dann noch um Neid geht, so nach dem Motto: *„Ja Dir geht es ja gut, Du hast ja genug Geld"*, dann wird es ganz gefährlich und Du solltest sehr vorsichtig werden.

Es ist schon eigenartig. Die meisten haben ein gutes Gefühl mit bestimmten

Leuten über bestimmte Themen zu sprechen. Mit den einen redest Du über Fußball, mit anderen über Jungs oder Mädchen, mit dem nächsten über Musik und mit wieder anderen über Politik. Aber Du weißt instinktiv, mit wem Du nicht über Politik sprichst, weil ihr z.b. komplett unterschiedlicher Ansicht seid. Mach es beim Geld genauso. Wer nicht Deinem Mindset entspricht, wer nicht dieselben Ziele hat, wer auch nicht regelmäßig spart und etwas erreichen will, mit dem rede halt über Musik, aber nicht über Geld. Es zieht Dich nur runter und nimmt Dir Deine Motivation.

Daher sei klug, sei im Zweifel still und gehe Deinen eigenen Finanzweg! Wenn Du dem anderen jedoch ernsthaft helfen willst künftig bessere Finanzentscheidungen zu treffen, dann schenke ihm dieses Buch oder schicke ihn zu mir. Ich bin darin ausgebildet Menschen mehr über Geld beizubringen und sie dazu zu bringen neue Entscheidungen zu treffen.

17. Zinseszinseffekt

Der Zinseszinseffekt ist in der Tat eines der meistunterschätzten Phänomene überhaupt. Spannend ist, dass fast jeder den Begriff kennt, aber niemand ihn versteht oder gar nachvollziehen kann.

Auch wenn Du gut in Mathe in der Schule warst, wirst Du kaum in der Lage sein, folgende Beispiele im Kopf zu rechnen. Wir fangen mal ganz einfach an.

Wenn Du 100 Euro monatlich sparst, wie viel Kapital hast Du bei einem Zins von 5 % nach 10 Jahren, oder nach 20 Jahren, bzw. nach 30 Jahren?

Einzahlung —> **12.000** Euro —> Endergebnis nach 10 Jahren —> **15.436** Euro

Einzahlung —> **24.000** Euro —> Endergebnis nach 20 Jahren —> **40.580** Euro

Einzahlung —> **36.000** Euro —> Endergebnis nach 30 Jahren —> **81.537** Euro

Erstaunlich, oder? Während Du in den ersten 10 Jahren insgesamt rund 15.000 Euro erwirtschaftest, sind es in den zweiten 10 Jahren bereits rund 25.000 Euro in den letzten 10 Jahren sogar 41.000 Euro. Für die immer gleiche Sparrate.

Mal ein ganz anderes Beispiel. Du bist jemand, der gerne hohes Risiko geht. Dein Freund dagegen ist ein sicherheitsorientierter Mensch und setzt auf festverzinsliche Wertpapiere. Du willst keine Staatsanleihen und auch Aktienfonds sind Dir nicht risikoreich genug. Da Du am Ende aber immer noch Ertrag erzielen möchtest, verteilst Du Dein Geld. Mal angenommen, Du hast nach einigen Jahren 40.000 Euro zusammengespart und nun mit 27 Jahren teilst du dieses Kapital für die Rente auf. Bis zum Alter von 67 Jahren hast Du also noch genau 40 Jahre und Du machst folgendes: Jeweils 10.000 Euro steckst Du in 4 verschiedene Bereiche. Als Beispiel Kryptowährungen, japanische Optionsscheine, einen Waldfonds in Bolivien und in einen Pharmafonds, weil Du seit Corona weißt, dass die Pharmaindustrie künftig viel Geld verdienen wird.

Nach 40 Jahren wird abgerechnet. Dein Freund hat seine 40.000 Euro komplett sicher angelegt und erhält gute 4 % für seine Investments. Nach 40 Jahren sind so aus den 40.000 Euro insgesamt 192.040 Euro geworden. Ein sehr gutes Ergebnis.

Bei Dir sind leider von den 4 Anlagen drei komplett gescheitert. Totalverlust. Deine Kryptowährung hat sich als Betrug herausgestellt, der Wald in Bolivien ist abgebrannt und der Verwalter hat vergessen die Versicherung zu bezahlen und die Optionsscheine haben auf die falschen Optionen gewettet. Einzig Dein Pharmafonds hat dafür richtig gut performt und eine Wertentwicklung von 15 % pro Jahr erzielt. Was wird also über 40 Jahre aus den restlichen 10.000 Euro. Das Ergebnis dürfte die meisten überraschen. Es sind 2,68 Millionen Euro. Schon ab einer Rendite von 7,67 % ist bei nur einem Viertel des Geldes mehr Geld vorhanden, als bei einer sicheren Anlage von 4 %.

Kannst Du Dir ausmalen wie das Ergebnis aussieht mit einer Rendite von 1 % oder 0,1 % im sicheren Bereich? Auch in diesem Beispiel sieht man sehr deutlich, dass die Rendite natürlich einen maßgeblichen Einfluss auf das Ergebnis hat. Und das gilt umso mehr, je länger die Laufzeit ist.

Gerade mit jungen Menschen diskutiert man ja häufig folgenden Fall: *„Ich spare später, wenn ich mehr Geld verdiene."* Mal angenommen, Du fängst mit 20 Jahren an und hörst mit 30 Jahren auf zu sparen, weil dann das erste Kind kommt. Im Monat hast Du 200 Euro gespart und Deine Rendite ist in einer guten Investmentpolice 7 %. Falls Du nach Deinem 30. Lebensjahr nie wieder anfangen solltest zu sparen, hättest Du trotzdem zur Rente ein Kapital von 418.174 Euro.

Und die Alternative? Ein Freund fängt erst mit 37 Jahren an uns spart die gesamte Zeit 30 Jahre lang bis zur Rente 200 Euro im Monat. Er hat also 30 Jahre eingezahlt und erzielt bei derselben Rendite nur ein Ergebnis von 233.890 Euro. Weil das vielleicht verwirrend war, hier nochmal zusammengefasst:

Fall 1: Du sparst 200 Euro im Monat.
Beginn im Alter 20 – Alter 30 über 10 Jahre.

Dann lässt Du das Guthaben in Deinem Depot bis zur Rente noch 37 Jahre stehen.

Selbst eingezahlt hast Du 24.000 Euro (200 Euro * 12 Monate * 10 Jahre)
Bei 7 % Wertentwicklung werden daraus zur Rente: 418.174 Euro.

Fall 2: Dein Freund spart auch 200 Euro im Monat.
Beginnt allerdings erst mit 37 Jahren.

Dafür zahlt der dann dauerhaft die Rate bis zur Rente mit 67 Jahren, also 30 Jahre.

Er zahlt selbst 72.000 Euro ein.
Bei 7 % Wertentwicklung werden daraus „nur" 233.890 Euro

Trotz dreifachem Einsatz und gleicher Verzinsung ist das Ergebnis fast halbiert.
Daher gilt auch hier der Satz:

„Der frühe Vogel fängt den Wurm."

Du siehst, nichts geht über die Zeit und den frühen Beginn beim Zinseszinseffekt.
Du hast davon auch in der Schule gehört, aber hattest Du solche krassen Beispiele,
die es einem klar vor Augen führen, was das für das eigene Leben bedeutet?

Noch ein Beispiel gefällig? Vielleicht denkst Du ja, es sei ziemlich früh schon im
Rahmen der Ausbildung mit dem Sparen zu starten. Mitnichten. Du bist schließlich
schon fast 20 Jahre auf der Welt, eine lange Zeit, in der Du nicht gespart hast. Wir
hatten ja weiter oben bereits das Thema *„eigene Kinder"*. Sollte man nicht schon
bei ihnen mit dem Sparen anfangen? Ja sicher. Denn Zeit ist Geld! – und die Zeit,
als Kind, vergeht besonders schnell.

Nimm beispielhaft diese Idee: Du sparst mit Deinem Partner oder Partnerin vom
Kindergeld ab dem ersten Monat einen Betrag von 100 Euro. Dann habt ihr vom
Kindergeld noch fast 2/3 übrig. Diese 100 Euro von Anfang an zur Seite gelegt
(häufig übernehmen so etwas auch gerne die Großeltern) wachsen extrem lange.
Nur diese 100 Euro werden zur Rente des Kindes 1,6 Millionen Euros, ohne dass
das Kind jemals etwas zusätzlich sparen müsste. Du kannst also schon heute als
junge Mutter oder Vater dafür sorgen, dass Dein Kind einmal Millionär wird.

Aller Voraussicht nach wird diese Million später nicht mehr so viel wert sein wie heute, dafür wird aber auch das Kind, mit Euch als Vorbild, das Sparen lernen.

Übrigens müsstest Du heute mit 20 Jahren schon 399 Euro bei denselben Rahmenbedingungen sparen wie ein Säugling mit 100 Euro, um dasselbe Ergebnis zu erreichen. Auch das ist noch ein Beispiel für den Zinseszinseffekt. Alleine die Tatsache, dass Deine Eltern nicht für Dich begonnen haben zu sparen und Du diesen Sparplan heute nicht fortführen kannst, hat zur Folge, dass Deine Sparrate vervierfacht werden müsste, um das gleiche Endziel zu erreichen – nur, weil Dir einfach die ersten 20 Jahre fehlen. Ein wirklich beeindruckendes Ergebnis.

Ich will es an dieser Stelle noch etwas dramatischer machen, damit es wirklich deutlich wird. Ein Sparplan mit 200 Euro monatlich von 20 bis 67 Jahren bringt bei 7 % Wertentwicklung ein Ergebnis von 815.179 Euro. Würdest Du nur 1 Jahr später beginnen, erzielst Du am Ende nur noch 759.535 Euro.
Also für 1.200 Euro weniger Einzahlung fehlen Dir am Ende 55.643 Euro.

Noch einmal zum Festhalten. Kannst Du es Dir leisten für ein einziges Jahr 55.643 Euro zu verlieren? Das ist mehr als Dein Jahresgehalt, viele arbeiten sogar 2 Jahre dafür - und Du (bzw. alle anderen) verlieren dieses Geld, weil Sie mit 20 Jahren meinen, keine 100 Euro übrig zu haben. Jede 100 Euro bringen also 4.636 Euro. Das einzige Problem ist, das man diese erst am Ende der Laufzeit sieht. Würde einem heute einer bereits für diese ersten 100 Euro die 4.636 Euro auf das Konto buchen - selbst wenn man sie noch nicht ausgeben dürfte - dann würden sich wahrscheinlich viel mehr Jugendliche beim Sparen leichter tun. So aber sehen sie nur die „Ausgabe" auf dem Konto, nicht jedoch den Wert, den diese verursacht.

Vielleicht verstehst Du jetzt, warum ich das Kapitel Mindset und Wille an den Anfang des Buches gesetzt habe. Wenn man solche Zahlen in seinem Kopf verinnerlichen kann, führt das zur richtigen Einstellung dem Sparen gegenüber. Niemand verliert gerne 4.600 Euro nur weil man zu bequem ist, 100 Euro aufs eigene Konto oder Depot einzuzahlen.
Es ist nämlich einfach sich auszurechnen, was diese 100 Euro von heute später bewirken können. Es ist aber noch leichter, darüber jetzt nicht nachzudenken.

Aber wodurch - außer vom Sparen - soll denn Dein späteres Vermögen entstehen? Es wird nicht plötzlich vom Himmel fallen.

Du hast also keine Zeit mehr zu verlieren!

18. Eigenes Haus oder nicht

Einige Jahre später, spätestens wenn das erste Kind da ist, stellt sich häufig die Frage nach dem eigenen Haus. Hierzu gibt es sehr unterschiedliche Meinungen. Die einen sagen, im Alter mietfrei zu wohnen sei die beste Altersvorsorge überhaupt. Die anderen sagen, die eigene Immobilie ist immer die teuerste und so wohnen auch Multimillionäre gerne zur Miete.

Ist diese Frage in der Tat so kompliziert oder ist es nicht völlig normal, dass man in einem eigenen bezahlten Haus wohnt, sobald man es sich leisten kann? Es ist wirklich nicht ganz so einfach zu beantworten. Aus diesem Grund hat es viel mit Emotionen zu tun. Wenn Du später einmal glaubst, damit besser leben und schlafen zu können, dann mach das ruhig. Hier möchte ich Dir jedoch einmal alle wesentlichen Vor- und Nachteile vorstellen, die die meisten leider nicht kennen.

Was spricht für das eigene Haus?
In der Regel geht man davon aus, das eigene Haus so rechtzeitig zu kaufen, dass es mit Eintritt der Rente abgezahlt ist. Man hat also keine Rate mehr aus der Hausfinanzierung zu bezahlen, das ist ein unglaublich großer Vorteil. Allerdings endet die Überlegung hiermit nicht. Weitere Vorteile sind natürlich auch, dass Du später ein Wertobjekt hast, das Du veräußern kannst oder Deinen Kindern vererben kannst. Das ist mit einer Mietwohnung nicht möglich.

Viele träumen natürlich auch davon, sich zu verwirklichen. Also Musik machen so laut wie man will - aber Nachbarn hast Du auch in einem Einfamilienhaus und auch dort kannst Du deren Nachtruhe nicht unbegrenzt stören. Und außerdem könntest du das genauso umsetzen, wenn Du ein Haus mietest, dafür musst Du es nicht kaufen. Anders ist es, wenn Du größere Umbaumaßnahmen durchführen willst, das ist sicher im eigenen Haus einfacher als in einem Mietobjekt, wobei sich auch die wenigsten Vermieter beschweren würden, wenn Du den Wert ihrer Immobilie steigern möchtest.

Und genau an dieser Stelle beginnen die Nachteile der eigenen Immobilie:
Man gibt einfach viel mehr Geld aus, als man es als Mieter tun würde. Mietest Du ein Haus und dort sind Bad und Küche enthalten, dann nutzt Du die so, wie

sie dort eingebaut sind. Kaufst Du dasselbe Haus, dann gehen die Gedanken als erstes daran, das Bad und die Küche zu ersetzen - es ist ja schließlich für einen selbst.

Allerdings suchen sich die meisten dann auch nicht denselben Standard aus, der vorher vorhanden war, denn es soll schließlich etwas Besonderes sein. Bei den Fliesen kommt dann gerne ein Mosaik dazu, im Bad teurere Fliesen und spezielle Armaturen und in der Küche schließlich die besten Geräte. Ganz unabhängig davon, ob man ein echter Hobby Koch ist oder nicht. Ich kann das ganz genau beurteilen, schließlich war ich einmal in derselben Situation. Nachdem die Kinder geboren waren bauten wir ein Haus und meine - heutige Exfrau - suchte sich Fliesen für 90 Euro/m2 aus, wir verbauten überall abgeschirmte Elektrokabel, Mosaike, eine Hightech Küche und eine Dusche bei der alleine die Duschwand 4.500 Euro kostete. Insgesamt zahlten wir rund 60.000 Euro mehr für unsere Immobilie als die Nachbarn, die genau dasselbe Haus bauten. Das geht ganz schnell.

Die Verlockung ist also groß bei der eigenen Immobilie immer mehr Geld auszugeben, als man es für ein vergleichbares Mietobjekt ausgeben würde. Vergleiche bitte nicht - so wie viele es tun - eine 60qm Sozialbauwohnung mit einem eigenen Einfamilienhaus mit Garten. Da ist es klar, wohin die Entscheidung geht. Vielmehr solltest Du Dir die Frage stellen, kaufe ich dieses Einfamilienhaus, oder miete ich ein vergleichbares Objekt? Und wie auch schon in meinen vorherigen Büchern gesagt, musst Du im Grunde genommen nur die Zinsen für die Hausrate mit der Kaltmiete vergleichen, denn diese beiden Positionen sind Kosten und für Dich verloren. Die Tilgung Deines Bankkredites bei Kauf erhöht ja Dein Vermögen, dafür gehört Dir das Haus irgendwann.

Bei diesem Vergleich schneidet das eigene Haus tatsächlich häufig besser ab. Ich möchte Dir das an einem Beispiel verdeutlichen:

Hier im Umland von Hamburg kostet ein einfaches Einfamilienhaus leicht 500.000 Euro. Bei aktuellen Konditionen zahlst Du einfach gesagt derzeit etwa 1,5 % Zinsen und 2 % Tilgung. Danach gehört Dir das Haus 37 Jahre später. Deine Rate beträgt 1.458 Euro im Monat. Allerdings aufgeteilt in 625 Euro Zinsen und 833 Tilgung. Deine echten Kosten sind daher nur 625 Euro. Wolltest Du nun dasselbe

Haus mieten, müsstest Du dafür wahrscheinlich 1.000 - 1500 Euro Miete zahlen. Die Entscheidung für das eigene Haus erscheint also sehr einfach, in diesem Fall kostet es fast nur die Hälfte.

Aber Du solltest auch ein paar weitere Positionen bedenken. Da sind zum einen die Nebenkosten. In Schleswig-Holstein zahlt man 6,5 % Steuern auf den Kaufpreis (in Sachsen und Bayern hingegen nur 3,5 %. Das ist je nach Bundesland unterschiedlich). Dazu kommen Kosten für den Notar und das Amtsgericht, denn der Kauf wird im Grundbuch hinterlegt, was Dich als Eigentümer legitimiert. Dafür fallen weitere 2 % an. Da heute die meisten Objekte über Makler angeboten werden, kommen weitere Kosten hinzu. In NRW meist 3 %, in Hamburg 5,95 % und in Berlin sogar häufig 7,14 %. Bei einem Kaufpreis von 500.000 Euro musst Du ca. 14 % kalkulieren, das sind 70.000 Euro. Und plötzlich sieht die ganze Situation schon ganz anders aus, oder? Denn diese Nebenkosten solltest Du in bar zur Verfügung haben, die werden nur im Ausnahmefall von der Bank finanziert und wenn, dann nur zu teuren Konditionen.

Kaufst Du nun diese Immobilie und Du oder Dein Partner wollen weitere Umbauten vornehmen wie Küche, Bad, neue Fußböden, Malerarbeiten, neue Pflanzen im Garten etc, kommen schnell 30-40.000 Euro zusammen. Einschließlich der oben ermittelten Kosten und Umbauten fallen also 110.000 Euro an, ohne dass man sich besonders angestrengt hat und weder ein Designer-Sofa, ein Kinozimmer oder goldene Wasserhähne sind darin enthalten. Teilst Du nun diese 110.000 Euro durch die Differenz von Miete (im Schnitt 1.300 Euro) und den Zinskosten von 625 Euro, dann benötigst Du 13,5 Jahre bis sich das ausgleicht. Also ermittelt sich der Vorteil der geringen Zinsrate im Verhältnis zur höheren Miete erst nach 13,5 Jahren, weil Du bis dahin diese erst einmal mit Deinen Investitionen verrechnen musst.

Ein weiterer Unterschied ist die Situation bei Renovierungen.

Geht die Heizung kaputt, dann rufst Du den Vermieter oder Verwalter an und sagst, die sollen jemanden vorbei schicken, der den Schaden behebt. Ist die ganze Heizung kaputt und muss diese ersetzt werden, dann zahlst Du möglicherweise während der zwei Wochen im Winter gar keine Miete, weil Du es zuhause ohne Heizung nicht aushältst. Während Du also vielleicht die Gelegenheit nutzt, Dich bei Mama im heimischen Kinderzimmer auszuruhen und Dich mal wieder so richtig schön bekochen zu lassen, sparst Du den halben Monat Miete und die anderen müssen alles für Dich herrichten und der Vermieter bezahlt alles.

Passiert dies in Deinem eigenen Haus, zahlst Du nicht nur 10.000 Euro für die neue Heizung, sondern Du musst die ganze Zeit auf der kalten Baustelle zur Verfügung stehen, weil immer wieder Punkte abgestimmt werden müssen, die zu entscheiden sind. Dabei bucht die Bank ebenfalls die volle Rate im Monat ab. Und dieses Szenario gilt für alle weiteren Reparaturen der nächsten 37 Jahre, bis Dein Haus bezahlt ist.

Kurz zusammengefasst:
Die Miete hat den Vorteil der besseren Planbarkeit. Du hast keine großen finanziellen Überraschungen zu erwarten und musst lediglich eine mögliche Mieterhöhung im Blick behalten.

Beim Kauf eines Hauses sind die Nebenkosten ergänzend aufzubringen und mögliche Um- und Einbauten finanziell einzukalkulieren. Bei Reparaturanfall können negative Überraschungen auftreten, die vielleicht von Deinen Eltern oder Großeltern aufgefangen werden. Sonst wirst Du über genügend Einkommen verfügen müssen, um diese abzufedern. Ist dies der Fall, dann solltest Du über eine eigene Immobilie durchaus nachdenken.

Du wirst nach diesem Kapitel erkannt haben, dass es immer zwei Seiten einer Medaille gibt und wie sinnvoll es sein kann, immer mehrere Aspekte einer Sache zu betrachten.

19. Behalte die Nebenkosten im Blick

Der *„Rundum-Blick"* betrifft auch die Nebenkosten – ein oft vergessener Aspekt besonders beim Immobilien-Kauf. Du hast ja schon gemerkt, dass ich häufig die Dinge etwas anders betrachte, als andere. Ein Handeln, das ich auch Dir empfehle, denn nur so kannst Du den Überblick über Deine Finanzlage behalten.

Du kennst sicherlich den Spruch: *„Die Immobilie ist die beste Altersversorgung überhaupt, weil man im Alter mietfrei wohnt".* Nun ja, ich bin da etwas skeptisch und das möchte ich Dir gerne erläutern. Das ist sicher auch ein spannendes Thema, um es nicht nur mit Freunden, sondern auch mal mit der eigenen Familie zu diskutieren.

Wie im vorherigen Kapitel benannt, kostet ein Haus locker 1.500 Euro an monatlicher Rate bei der Bank. Nun haben viele den Anspruch, das Haus vor Rentenantritt abzubezahlen, damit sie dieses Geld später nicht mehr aufwenden müssen. Ein klassischer Käufer verdient heute 4.000 Euro zusammen mit seiner Frau, da hätten sie noch 2.500 Euro zum Leben, das reicht auch noch mit einem Kind. Von ihrer Rentenversicherung bekommen sie die Mitteilung, dass sie später zusammen mit 2.400 Euro Rente rechnen können. So fühlen sie sich glücklich, weil sie kalkulieren das die 2.400 Euro später fast so viel sind wie 2.500 Euro heute, die sie nach den Raten an die Bank noch übrig behalten. Also sind sie der Meinung, sie hätten sich damit eine gute Altersvorsorge geschaffen. Sie haben aber die Rechnung ohne den Wirt gemacht.

Zusätzlich zu den 1.500 Euro an die Bank muss man ja auch laufende Nebenkosten bezahlen, wie Strom, Gas, Wasser, Müll sowie weitere Kosten. Diese zahlt man als Mieter wie Eigentümer gleichermaßen. Beim Eigentümer kommen nur noch Grundsteuern hinzu. Aber genau hier liegt jetzt ein Haken in der Rentenüberlegung der meisten. Die Situation wird nicht so schön wie sie jetzt aussieht.

Das liegt vor allem an der Inflation. Zum einen wird die Rente nicht mit der Inflation mitwachsen. Wenn in Deiner Renteninformation steht, Du bekommst 1.500 Euro, dann wirst Du die wahrscheinlich bekommen, aber eben auch nur die! Nur eben nicht den heutigen Wert von 1.500 Euro - und das vergessen die meisten.

Von 2008 bis 2019 lag die Erhöhung der Renten bei jährlich + 1,83 %, im Jahr 2020 sogar bei + 3,45 %, dafür 2021 wegen Corona wohl bei 0 %, was den Gesamtdurchschnitt weiter sinken lässt.

So haben sich die Strompreise von 2004 von knapp 18 Cent auf über 31 Cent massiv erhöht. Laut amtlicher Quellen, einzusehen bei statista.de, stieg der Index für den Strompreis von 81 Punkten im Jahr 2000 auf 183 im Jahr 2020. Das entspricht einer Inflationsrate von 4,16 %. Diese Kosten, sowie weitere Nebenkosten für das Haus steigen also weit schneller, als die Renten - und das wird auch so weitergehen.

Ein anderer Blick auf die Sache. Du bist heute um die 20 Jahre alt und wenn Du in einem durchschnittlichen Rentenalter sein wirst, mit 70 oder 80 Jahren, dauert es noch 50-60 Jahre. Da wir nicht nach vorne blicken können, schauen wir einfach mal zurück. Wer vor 60 Jahren ein Haus im Hamburger Umland gekauft hat, musste keine 500.000 Euro aufwenden, sondern eher 50.000 DM, also rund 25.000 Euro. Dafür gab es ein Haus mit 120 qm Wohnfläche und 1.000 qm Grundstück. Der eine oder andere von Euch hat sicher noch Großeltern, die in einem dieser Häuser heute noch wohnen, die können die Zahlen bestätigen.

Damals lagen die Zinsen deutlich höher, das Einkommen war viel niedriger. Bei einem Zins von durchschnittlich 8 % und damals üblichen 1 % Tilgung, lag die Rate bei 187,50 Euro oder 375 DM. Das war damals wie heute für einen einfachen Angestellten, ein volles Monatsgehalt. Es war damals wie heute also ähnlich schwierig ein Haus zu kaufen und zu finanzieren. Damals wie heute waren die Menschen der Ansicht, es sei ihr größtes finanzielles Ziel irgendwann schuldenfrei zu sein und mietfrei wohnen zu können. Ist das wirklich so?

Nun stelle Dir einmal vor, Deine Oma ist nun schuldenfrei. Was spart sie? Genau 187,50 Euro. Ist das wirklich entscheidend? Ich mache es noch krasser: Stell Dir mal vor, Deine Oma hätte „vergessen" zu tilgen und hätte heute noch die gesamten Schulden von damals. Dann müsste sie heute umschulden und bei einem aktuellen Zinssatz von 1,5 % im Monat 31,25 Euro Zinsen zahlen. Wie wichtig ist es nun wirklich, im Alter „mietfrei" zu wohnen? In Tat und Wahrheit ist es völlig egal, weil die Inflation das Problem ganz von alleine löst.

Viel wichtiger ist aber etwas anderes: Oma hat ein altes Haus mit einer schlechten Energiebilanz. Es zieht durchs Dach und durch die alten Fenster, Wärmedämmung der Wände war noch nicht erfunden und so zahlt sie heute alleine 500 Euro für Strom und Heizung. Mithin rund 3 x so viel wie für die gesamte Hausrate bei 8 % Zinsen. Kannst Du Dir vorstellen 3 x so viel Nebenkosten zu zahlen wie für die gesamte Finanzierung? In unserem Beispiel oben, also statt 1.500 Euro an die Bank, später mal 4.500 Euro an EON und die Müllabfuhr? Und nun nimm das reale Beispiel der Käufer dieses Hauses, die heute 4.000 Euro verdienen und später 2.400 Euro Rente erhalten werden, wie wichtig ist es, dass das Haus abgezahlt ist? Es geht nicht um die Kosten des Kredites, es geht darum, dass sie mit ihrer gesetzlichen Rente nicht mal die Nebenkosten des Hauses werden zahlen können.

Das ist ein ganz bitterer Ausblick für die späteren Rentner, oder glaubst Du, dass wir mit unserem Rentensystem später alle fürstlich bezahlen können, und dass gleichzeitig die Kosten von Strom und Gas eher sinken werden? Umso wichtiger an dieser Stelle noch einmal der Appell: **Du musst Dich zwingend um Dein Geld, Deine Finanzen und Deine finanzielle Freiheit kümmern.** Dann gehörst Du zu den Gewinnern und wirst diese Sorgen nicht haben.

20. Eine Lösung: Die erste Investmentimmobilie

Wenn man schon solche riesigen Probleme wie im vorherigen Kapitel aufwirft, dann muss man auch etwas zu den Lösungen sagen. Das machen wir jetzt.

Eine dieser Lösungen heißt: **Immobilie als Kapitalanlage**. Was ist das und wie funktioniert das genau?

Eine Immobilie als Kapitalanlage ist eine ganz normale Wohnung mit dem Unterschied, dass Du dort selbst nicht wohnst, sondern diese an eine dritte Person vermietest. Mithilfe dieser Miete hast Du die Möglichkeit, die Raten für die Bank zu zahlen, sodass diese Wohnung Dich unter dem Strich nichts kostet. In einigen Fällen hast Du sogar Geld übrig; in anderen musst Du vielleicht 50 - 100 Euro im Monat dazulegen, je nachdem in welchem Zustand die Wohnung ist.

Aber egal ob Du 50 im Plus oder Minus bist, das Geschäft ist in der Regel für Dich positiv, auch hier an einem Beispiel erläutert: Du kaufst eine Wohnung für 200.000 Euro. Dies kostet Dich bei der Bank wie in unserem Hausbeispiel 1,5 % Zinsen und 2 % Tilgung, zusammen also monatlich 583 Euro. In einer ordentlichen Lage wird eine solche Wohnung eine Miete zwischen 500 - 600 Euro bringen. Du siehst, in einem Fall zahlst Du 83 Euro drauf, im anderen Fall bleibt etwas über. Zusätzlich erhältst Du Steuervorteile, weil Du die Zinsen steuerlich geltend machen kannst, sowie eine Abschreibung bekommst in Höhe von 2 % des Gebäudewertes. Die Einzelheiten hierzu lasse ich mal bewusst weg, weil es hier um das grundsätzliche Verständnis geht.

Im schlechteren Fall einer Miete von 500 Euro, hast Du ohne Steuervorteile zu berücksichtigen, eine Zuzahlung von 83 Euro. Das ist wie ein Sparplan. Statt einer Verzinsung auf diese 83 Euro profitierst Du hier von der Tilgung, also der Rückzahlung des Bankdarlehens. Mit jeder Rückzahlung des Bankdarlehens gehört Dir immer ein Stück mehr von der Wohnung.
In unserem Fall 2 % von 200.000 Euro sind 4.000 Euro. Und was bedeutet das genau? Diese 4.000 Euro sind Dein gewachsenes Vermögen.

Dein Aufwand sind 83 Euro im Monat bzw. 996 Euro im Jahr. In der Rate ist die

Tilgung an die Bank schon enthalten, sodass Dein Vermögen um 4.000 Euro im Jahr steigt.

Würde ich Dir sagen, hier ist ein Sparkonto und mit jeweils knapp 1.000 Euro Einzahlung, bekommst Du von der Bank 3.000 Euro dazu. Würdest Du das machen? Na klar würdest Du das. Dabei wird die Berechnung sogar noch besser, denn mit jeder künftigen Mieterhöhung in den nächsten 30 Jahren sinkt Deine Zuzahlung, während die Tilgung und der Wert der Immobilie tendenziell sogar steigt.

Und genau das ist der Charme der vermieteten Immobilien. Mit wenig Aufwand kann man große Ergebnisse erzielen. Wenn Du bei uns eine Immobilie als Anlage kaufst, dann zahlst Du in der Regel nicht einmal eine Maklercourtage, sodass Du bei einem solchen Kaufpreis nur ca 12 - 15.000 Euro Eigenkapital benötigst. Was könntest Du sonst mit 15.000 Euro Eigenkapital und 80 - 100 Euro monatlich machen? In einem Banksparplan mit 2 % Zinsen (was es heute ja gar nicht mehr gibt) hättest Du nach 15 Jahren ein Guthaben von 37.570 Euro.

Mit den o.g. Zahlen aus der Immobilie zahlst Du 15.000 Euro für die Nebenkosten und 83 Euro im Monat als Zuzahlung und nach 15 Jahren hast Du durch abgetragene Verbindlichkeiten einen Vermögenszuwachs auf 67.529. Hast Du eine Vorstellung davon was passiert, wenn der Mieter innerhalb von 15 Jahren noch zwei oder drei Mieterhöhungen bekommt? Dabei sollst Du gar kein Vermieter-Hai werden, sondern man gleicht nur die Inflation aus, also z.B. alle 5 Jahre um 5 %. Dann entfällt Deine Zuzahlung bereits komplett und trotzdem steigert sich Dein Vermögenszuwachs automatisch. Genau das macht das Thema Immobilie als Kapitalanlage so spannend.

Und es gibt natürlich einen weiteren Aspekt auf der positiven Seite und der heißt **Wertzuwachs**. Wir hatten es ja auch schon in dem Beispiel mit dem alten Einfamilienhaus aus den 60er Jahren gesehen. Die Preise steigen langfristig. Du darfst davon ausgehen, dass die Immobilie, die Du heute für 200.000 Euro kaufst, in 20, 30 oder 40 Jahren einen höheren Wert hat, als sie heute kostet. Dabei ist es nicht gesagt, ob der später höhere Betrag tatsächlich eine größere Kaufkraft hat als heute. Das ist nicht so entscheidend. Du hast ja nur maximal die Hälfte der Zeit eine kleinere Zuzahlung geleistet und dann gar nichts mehr aufgewendet.

Und trotzdem wächst der gesamte Kaufpreis, den Du ja nie selbst bezahlt hast. Einen Großteil hat der Mieter gezahlt, ein Teil das Finanzamt und Du hast selbst nur den geringsten Teil selbst bezahlt. Am Ende gehört Dir die Immobilie hinterher komplett alleine und auch der Ertrag gehört ausschließlich Dir. Und, um noch ein Sahnehäubchen obendrauf zu legen, der Wertzuwachs, den Du erzielst, ist sogar nach heutigem Recht komplett steuerfrei.

Es gibt natürlich noch so viele Einzelheiten dazu zu sagen und tausend Facetten, aber das ist Thema für ein anderes Buch, oder die individuelle Beratung bei uns oder einem anderen guten Experten, der sich mit diesem Metier perfekt auskennt. Vorerst ist es vor allem wichtig, dass Du die Grundzüge und Vorteile erkennst, um Dich damit beschäftigen zu können.

Das Thema „*Investment-Immobilie*" könnte auch für Dich zum Vorteil werden.

21. Was gut ist, kann man öfter machen

Hier an dieser Stelle gestehe ich mal einen großen persönlichen Fehler ein. Ich selbst habe das Thema Immobilie als Kapitalanlage schon 1989 kennengelernt, da waren die meisten von Euch noch nicht mal auf der Welt. Wir haben damals schon Kunden beraten und sie davon überzeugt, dass eine vermietete Immobilie eine gute Alterssicherung ist. Das hat sich bis heute als richtig erwiesen.

Was also war der Fehler? Eigentlich sollte man meinen, wir waren unserer Zeit schon voraus, denn die meisten Kollegen um mich herum haben damals kapitalbildende Lebensversicherungen verkauft, die zwar viel Provision brachten, jedoch in keinem Fall zu einer besseren Rente geführt haben. Schließlich sinken die Zinsen seit 30 Jahren Jahr für Jahr bis auf unter 1 %. Das kann nicht im Sinne eines guten Vermögenszuwachses sein.

Der Fehler war, dass mein eigenes Denken zu beschränkt war. Ich war froh, wenn ein Kunde eine Wohnung gekauft hatte, und manchmal haben sie sogar zwei Wohnungen gekauft. Der große Fehler war, an dieser Stelle aufzuhören. Ich war in der Tat selbst so beschränkt mir nicht vorstellen zu können, dass jemand auch mehr Wohnungen besitzt. Warum also nicht 5 Wohnungen, oder 10 oder gar 100? Das passte damals nicht in meinen Kopf. Ich habe das erst viele Jahre später verstanden.

Das zeigt mir heute umso mehr, wie wichtig das Thema Mindset ist, und warum ich das Thema an den Anfang dieses Buches gesetzt habe. Du brauchst ein großes Denken, um große Dinge zu bewegen. Wer selbst in der Kreisklasse anfängt Fußball zu spielen, für den ist ein Spieler aus der Bezirksliga ein Gott im Fußball. Nun gibt es viele deren Denken hört an dieser Stelle auf. Die sind irgendwann vielleicht auch in der Bezirksliga und freuen sich dann, dort zu den Besten zu gehören. Gehen die nicht weiter, dann endet deren Karriere dort. Nur diejenigen, die erkennen, dass es darüber hinaus mehr gibt, die gehen den steinigen Weg über die Landes- bis in die Bundesliga. Und nur die allerwenigsten erkennen meist auch selbst ihre Fähigkeiten und streben immer weiter voran. Es macht auch innerhalb der Bundesliga einen wesentlichen Unterschied, ob Du für Freiburg oder für Borussia Dortmund spielst. Von der Anzahl der Fans, bis hin zum eigenen Einkommen, das 20-fach höher sein kann.

Was hat das nun mit Immobilien zu tun? Nun ja, mein Mindset war noch nicht voll entwickelt und damit habe ich die Philosophie der Geldanlage im Bereich Immobilien nicht ausreichend weitergeben können, was dazu geführt hat, dass meine Kunden nur ein oder zwei Wohnungen gekauft haben. Darüber sind die allermeisten zwar froh und glücklich, aber ich habe seinerzeit niemanden zu 10 oder 50 Wohnungen geführt. Das kam erst viele Jahre später.

Heute ist es völlig normal mit jedem von Euch über dieses Thema zum Vermögensaufbau und als zusätzliche Rente zu reden. Und es ist auch normal dieses Gespräch immer wieder aufs Neue zu führen, bzw. von Anfang an einen Plan zu entwickeln, um im Laufe der Zeit mehrere Wohnungen zu kaufen. Denn wenn Du mit der ersten anfängst und 50 Euro Zuzahlung erübrigen kannst, dann besteht leicht die Möglichkeit nach 2-3 Jahren bei höherem Verdienst über eine Aufstockung nachzudenken. Durch mögliche Mieterhöhungen im Laufe der nächsten Jahre sinken die Zuzahlungen für die einzelnen Wohnungen und wandeln sich in Überschüsse. Dem Kauf einer weiteren Wohnung steht dann kaum noch etwas im Wege.

So kannst Du relativ rasch Dein Vermögen aufbauen. Beginnst Du mit 25 Jahren und ziehst das einfach mal bis 35 durch, dann hast Du wahrscheinlich 8-10 Wohnungen und bist mit 65 Jahren mit der Tilgung fertig. Das bedeutet du bekommst nach heutigem Wert eine Zusatzrente von 400-500 Euro pro Wohnung. Bei 10 Wohnungen also 4.000 – 5.000 Euro monatlich – zusätzlich zur gesetzlichen Rente. Damit geht es Dir besser als 95 % der Menschen auf diesem Planeten. Und nicht zu vergessen: Dein Erbe für die Nachkommen bleibt in voller Höhe erhalten! Sind das Aussichten, für die es sich lohnt, dieses Buch bis hierhin gelesen zu haben?

22. Vermögenssicherung in Gold & Co

Neben dem Vermögensaufbau muss man sich im späteren Verlauf auch mal Gedanken machen um die Vermögenssicherung. Also eine Situation, wenn Du schon Geld angespart hast. Sei es, Du hast schon 5 Immobilien und ein Depot, wo seit Beginn Deiner Ausbildung, jeden Monat ein paar hundert Euro einfließen. Sehr schnell kommt man in die Situation sich zu fragen, was passiert denn, wenn etwas passiert? Über einen Börsencrash reden wir in Kapitel 24. Hier in diesem Kapitel gehen wir auf verschiedene andere Situationen ein, die entstehen könnten.

Wir haben in den letzten 20 Jahren Dinge erlebt, die Generationen vor uns nie erlebt haben und nie damit gerechnet haben, dass so etwas mal geschehen kann. Da war zunächst einmal die gigantische Hochphase des sog. *„Neuen Marktes"* an den Börsen. Viele kleine Unternehmen, insbesondere aus dem Internet Business, sind an die Börse gegangen und waren binnen kürzester Zeit Millionen und viele sogar Milliarden Euros *„wert."* Zumindest wurden diese kurzfristig so bewertet. Während wir damals wie heute mit 5-8 % langfristiger Rendite gerechnet haben, hatten viele Aktien dieser Unternehmen Renditen von 100 % im Monat.

Der Wert vieler Unternehmen wurde insbesondere am Tag des Börsengangs teilweise verfünffacht. Kunden haben 10.000 Euro investiert und sind eine Woche später mit 50.000 Euro wieder ausgestiegen. Eine gigantische Party. Allerdings - genauso schnell wie die Party begann, verschwand sie wieder. Schon im Frühjahr 2000 fielen die Preise erst langsam, dann immer schneller und bis 2003 waren viele Firmen bereits pleite und leider viele Anleger gleich mit.

Einige der Investoren hatten im Hinblick auf die riesigen Gewinne ihr Haus neu verschuldet, sich 100.000 Euro von der Bank geliehen und für dieses Geld Aktien gekauft. Während die Aktien kurze Zeit später nichts mehr wert waren, wollte die Bank die 100.000 Euro dennoch zurück. **Das ist pure Spekulation und davor möchte ich Dich bewahren**.

Vor diesen *„Geheimtipps"* oder *„gigantischen Chancen"* sollte man sich in Acht nehmen. Man muss Chancen nutzen - ja. Aber damals waren es insbesondere neue und junge Firmen, die bis dato noch nie Gewinn gemacht hatten. Warum sollte eine

Firma, die nach ein oder zwei Jahren Existenz Millionen Schulden hat und keine Gewinne macht, 1 Milliarde Euro wert sein? Da gab es keinen wirtschaftlichen Hintergrund. Hier wurde kein echtes Geld verdient. Und dann kannst Du dort als Anleger auch kein Geld verdienen.

Jahre später kam dann die Lehmann-Pleite. Eine der größten Banken der Welt ging pleite und riss fast die gesamte Finanzwelt mit in den Abgrund. Die Banken weltweit kamen in große Schwierigkeiten und wurden nur wegen ihrer *„Systemrelevanz"* von der Politik mit Milliarden gerettet. Noch heute leiden viele darunter und lassen durch immer neue und höhere Gebühren ihre Kunden dafür bluten. Und auch hier hätte sich niemand ausmalen können, dass so etwas passiert. Niemand hätte zuvor gedacht, dass es überhaupt möglich ist, dass eine Bank in die Pleite rutscht. Und das gilt ja nicht nur für kleine Institute, selbst eine Commerzbank hat nur durch die Rettung des Staates überlebt.

Und zuletzt Corona. Wieder ein nicht zu erdenkender Wahnsinn, der uns alle immer noch fesselt und niemand weiß ob und wann es enden wird. Die ersten gehen schon davon aus, dass wir dieses Phänomen noch Jahrzehnte ertragen müssen. Ich weiß es selbst auch nicht.

Fakt ist aber, dass viele Unternehmen und viele kleine Selbständige nicht nur darunter leiden, sondern dies wirtschaftlich nicht überleben werden. Denke alleine an die Event-Industrie: Keine Veranstaltungen mehr - gar keine. Erst auf 1.000 Menschen begrenzt, dann auf 500, zuletzt 50 und mittlerweile gibt es gar nichts mehr. Nicht mal eine Geburtstagsfeier mit 10 Freunden ist mehr erlaubt. Wer soll da als Künstler, Techniker, Bühnenbauer, Transportunternehmen noch Geld verdienen können. Da helfen auch die zum Teil riesigen Unterstützungen des Staates nicht mehr. Hiermit werden häufig nur die Kosten gedeckt, aber gerade die Kleinen haben nur geringe Kosten, und bestreiten vorrangig ihren Lebensunterhalt von den Einkünften. Aber gerade dafür gibt es keine Hilfen.

Was hat das nun alles mit Deinem Geld zu tun. Du musst gut für Dich und Dein Geld sorgen. Das, was vor Jahrzehnten mal als sicher galt, ist es jetzt nicht mehr. Das gilt auch für das Sparbuch. In meinem ersten Buch **„33 Geheimnisse der Geldanlage"** bin ich näher darauf eingegangen, was die Probleme von

Einlagensicherungsfonds und den AGBs der Banken sind. Das gilt auch für die o.g. Kapitallebensversicherungen. Dort geht es so weit, dass Du in die Situation kommen kannst, dass die Gesellschaft Dir mitteilt, du würdest keine Auszahlung mehr erhalten, jedoch weiterhin die Beiträge zahlen musst. Und wenn Du denkst, das ist vielleicht nur so ein Gerede: Nein, das steht genauso im Gesetz. Und das ist kein Spaß. Wenn Du das mal nachlesen willst, dann gib bei Google mal § 314 VVG ein.

Du musst Dich wirklich um Dein Geld kümmern. Du musst es anlegen, damit es sich vermehren kann und später, wenn das Vermögen größer wird, musst Du Dich um die Sicherung Deines Vermögens kümmern.

Welche Gefahren gibt es und auf welche kannst Du Dich gut einstellen? Die größte Gefahr ist sicherlich Deine Gesundheit. Kannst Du nicht mehr arbeiten, dann verdienst Du kein Geld und kannst nicht weiter sparen. Am Anfang sind solche Absicherungen sehr einfach. Bei einer Investmentpolice als Grundpfeiler Deiner Sparrate, kannst Du eine sog. Beitragsbefreiung bei Berufsunfähigkeit vereinbaren. Dann zahlt die Versicherung Deine gesamten Beiträge für Dich weiter so, wie Du es vereinbart hattest. Hast Du einen solchen Vertrag mit 20 begonnen bis zum Renteneintritt mit 67 Jahren und Du wirst mit 27 Jahren krank und kannst Deinen Beruf nicht mehr ausüben, dann zahlt die Versicherung tatsächlich die gesamten restlichen 40 Jahre alle Beiträge. Daneben macht es Sinn eine separate Berufsunfähigkeitsversicherung abzuschließen, die Dein Einkommen vollständig absichert. Denn Du musst nicht nur Deine Sparrate beibehalten, sondern auch leben können. Das solltest Du Dir selbst wert sein.

Aber es gibt natürlich auch externe Risiken, wie oben dargelegt. Die politische Situation könnte sich ändern. Der Euro könnte aufgrund der riesigen Staatsschulden zusammenbrechen. Was passiert dann mit Deinem Geld? Es gibt Geldanlagen die dann große Probleme haben werden. Dazu gehören Girokonten, Sparbücher, Tagesgeldkonten, Bausparverträge und Kapitallebensversicherungen. Denn hier wird das Geld in Geld angelegt, was in einem solchen Fall weniger oder nichts mehr wert ist.

Positiv entwickeln sich in einer solchen Situation Gold, Diamanten und Immobilien, denn die haben einen eigenen beständigen Wert. Gold wird immer einen Wert behalten und das weltweit. Deine Mieter werden weiterhin wohnen wollen, auch wenn sie die Miete in einer neuen Währung zahlen müssen.

Gold, Silber, Diamanten oder auch die seltenen Erden, sog. Strategische Metalle können einen Schutz bieten, wenn das Geld weniger wert wird. Denn diese Sachwerte kann man überall auf der Welt handeln und in jeder Währung zu Geld machen. Oder man tauscht wie früher z.B. 10 Goldmünzen gegen ein Auto.

Damit das Geld selbst einen Wert hat und diesen behält, wurde früher für jeden Geldschein Gold als Sicherung im Tresor deponiert. So war man sicher, dass alle Scheine zusammen einen realen Wert hatten, denn der Staat hatte im selben Verhältnis Gold hinterlegt. Das war der sog. Goldstandard des Geldes.

Mit dieser guten Sitte brach man am 15. August 1971. An diesem Tag hob Präsident Nixon den Goldstandard auf. Seitdem haben alle Notenbanken dieser Welt sich daran ein Beispiel genommen und fleißig Geld gedruckt, ohne hierfür reale Werte zu schaffen. So berichtete Ende 2020 die Zeitung „Die Welt" dass 20 % aller Geldscheine die jemals gedruckt wurden, aus dem Jahr 2020 stammen. Hätten wir nicht parallel diese rein politisch motivierte Nullzins-Politik, dann würde das eine gigantische Inflation ergeben, wie man sie Anfang des 20. Jahrhunderts erlebt hat. Damals kostete ein Brot beim Bäcker mehrere Millionen Mark.

23. Krypto-Währungen

Neben dem Gold entscheiden sich viele zur Sicherung und zur Spekulation oder Geldanlage auch für Krypto-Währungen. Auch hierzu findest Du in meinem Geldbuch ein Kapitel dazu und im Hörbuch sogar ein extra Bonus-Track zu diesem Thema.

Der Bitcoin ist für viele das Synonym für Kryptos, weil es eine der ältesten und größten ist. Aber insgesamt gibt es mittlerweile mehrere tausend solcher „Währungen", was schon das erste Problem darstellt. Wer blickt da durch und wer soll damit handeln?

Dabei ist die Grundbasis super. Alles basiert auf der sog. Blockchain Technology. Diese ist absolut sicher und damit eigentlich eine ideale Basis für eine Währung. Aber es gibt viele technische Probleme. So dauert eine Transaktion bis zu 10 min. Für eine Geldanlage von 10.000 Euro ist das ok, aber für eine Bezahlung an der Kasse bei Aldi definitiv nicht. Also als „Währung" taugt es nicht. Auch sind die Stromkosten viel zu hoch, das können andere der tausenden Kryptos besser, die wiederum andere Probleme haben.

Und das größte Problem bei allem ist, dass die Staaten dagegen sind. Die wollen sich die Hoheit über das Geld nicht wegnehmen lassen. Denn über die Blockchain haben Staaten keine Kontrolle. Daher werden sie im Zweifel den Handel einfach verbieten, wenn der Markt zu groß wird. Wenn irgendwelche Computer Nerds ein solch neues System erfinden und die bisherigen Eliten, ob Banken, Politiker oder die Notenbanken keinen Einfluss nehmen können, dann wird sich das nur schwer durchsetzen. Die werden sich einen Markt, mit dem sie die letzten 500 Jahre Mrd. Euros und Dollars an Gewinnen gemacht haben, nicht einfach wegnehmen lassen.

Aus diesen Gründen glaube ich weder, dass dies ein besonders geeignetes Sicherungsgut ist, noch dass wir mit den Kryptos das bisherige Geldsystem ersetzten werden. Es wäre zwar in vielerlei Hinsicht gut und sinnvoll, mir fehlt aber aus besagten Gründen der Glaube daran. Wozu es gut geeignet ist, ist tatsächlich die Spekulation. Und hier wie so oft, dann wohl besser in einige der kleineren Kryptos, als direkt in Bitcoins. So gibt es auch Anlage-möglichkeiten in

Währungen, wo Du nicht nur den Coin erwerben kannst, sondern am gesamten Wertschöpfungsprozess mit beteiligt bist. Also auch an der Schürfung von Coins.

Für eine Sicherung Deines Geldes ist es wichtig, dass Du es verfügbar hast, dass Du diesen Wert im Zweifel in einer anderen Währung erhalten kannst. Das wäre auch bei Kryptos der Fall, weil du sogar zwischen den verschiedenen Kryptos tauschen kannst, aber wenn diese komplett verboten werden würden, dann hast Du gar nichts mehr. Das ist der Vorteil von Gold, Silber, Diamanten oder Strategischen Metallen. Die kannst du auch in Australien zu Geld oder Ware machen. Sie funktionieren immer.

24. Seltene Erden oder strategische Metalle

Im Gegensatz zu Gold, Silber, Platin, Diamanten oder Kryptowährungen haben die strategischen Metalle einen großen Vorteil. Sie werden gebraucht. Ohne sie gäbe es nämlich keine Handys, keine Touchpads, keine LED Bildschirme, keine Wind- und keine Photovoltaikanlagen.

Insgesamt zählen nur 17 zu den seltenen Erden, die in Wahrheit zwar gar nicht so selten sind, jedoch nicht in großen Mengen vorkommen und die Gewinnung dieser Metalle zum Teil schwer, mühsam und nur mit z.T. die Gesundheit gefährdeten Mitteln möglich ist. China hat sich dabei die absolute Marktführerschaft gesichert, als diese zunächst all diese Metalle für billiges Geld auf den Markt geschmissen haben, später die Warenlieferungen stark eingeschränkt haben, um so den Preis massiv anheben zu können.

Und genau hierin besteht der Unterschied zu Gold & Co. Im Jahr 2020 wurden weltweit rund 3.400 to Gold gefördert. Davon werden nur rund 10 % wirklich verbraucht. Also für Zahngold, Goldketten etc. Das meiste Gold wird nur gebunkert. Und die größten Reserven werden von den Regierungen dieser Welt gehalten. Eines der wichtigsten Argumente jedoch für die Reserven in Gold ist, dass man einen realen Wert für die große Krise schafft. Also z.B. für den Fall, dass der Euro zusammenbricht, weil die Staaten ihre Milliarden an Schulden nicht mehr bezahlen können. Dann wird ein neues Geldsystem eingeführt und die alten Geldscheine werden wertlos. Genauso wie meine Millionen an Reichsmark, die ich bei mir im Büro liegen habe. *(siehe Abb. S. 79)*

Wenn aber genau das passiert, werden die Staaten dieser Welt jeweils ihre Goldreserven auf den Markt schmeißen müssen. Und genau da stellt sich die Frage, was zu diesem Zeitpunkt das Gold wert ist. Das Problem an Gold ist dabei für mich, dass der Preis politisch manipuliert sein wird. Alleine Deutschland hat über 3.300 Tonnen!!! an Goldreserven. Und falls der Euro fällt, kommen andere Länder mit ihren Goldreserven noch dazu.

Bei den seltenen Erden ist das anders. Du kannst Dir, wie bei Aktien, ein kleines Depot eröffnen und einen Händler beauftragen für Dich verschiedene dieser seltenen Erden zu verwahren. Die Metalle werden dann in einem Lager verwahrt und für Dich wie auf einem Konto geführt. Du kannst ebenso weiterhin kaufen oder verkaufen. Anders als beim Gold, werden die Preise in einer Krise nicht von der Regierung manipuliert, denn hier hat die Regierung selbst keine Reserven, mit denen sie den Markt fluten können.

Und auch nach der Krise und auch mit einer neuen Währung werden wir neue Akkus, Handys und Computer bauen und benötigen, sodass der Markt für die seltenen Erden auch in Zukunft eher steigen, als fallen wird. Aus diesem Grund ist das Thema seltene Erden für all diejenigen interessant, die nicht nur auf konstant steigende Mieten oder Aktienkurse setzen, sondern sich neben den stetigen Erträgen und eine echte Vermögenssicherung Gedanken machen. Diese Form der Anlage produziert, wie Gold, natürlich keine Zinsen, sondern ermöglicht Dir eine sehr interessante Wertsteigerung Deines Vermögens. Dabei sollte man schon wissen, dass die Schwankungen nach oben und unten stärker sind, als bei anderen Geldanlagen. Daher ist es auch kein Basisinvestment und sicher nicht die Grundlage Deiner Altersvorsorge, aber eine sehr interessante Ergänzung und Absicherung insbesondere für die Fälle, dass Dein sonstiges Vermögen aufgrund von Kursschwankungen zwischenzeitlich fällt.

Abb. - Reichsmark -

25. Börsencrash

Der klassische Fall, wenn man nicht gleich an politische Krisen denkt, ist ein Börsencrash. Insbesondere dann, wenn man Teile seines Geldes in Aktienfonds anspart. Daher ist es wichtig, hier besonders gut informiert zu sein.

Ein Crash oder eine Schwankung an den Börsen ist erst mal ein normaler Vorgang und nichts, wo man per se in Panik geraten muss. Die meisten sind auch nur von kurzer Dauer und erholen sich binnen weniger Wochen oder Monate wieder. Du bist jung und sparst Dein Geld langfristig an, da sind kurzfristige Schwankungen zunächst nicht der Rede wert.

Dabei ist sparen viel sicherer als Geld anlegen. Wenn Du heute 100.000 Euro hast und die Börsen stürzen um 50 % ein, dann hast Du morgen 50.000 Euro weniger und kannst daran keinen Gefallen finden. Beim Sparplan sieht die Sache ganz anders aus. Sparst du 100 Euro im Monat und kaufst regelmäßig Fondsanteile, dann kostet ein Anteil vielleicht 10 Euro, sodass Du jeden Monat 10 Anteile bekommst.

Erlebst Du jetzt denselben Börsencrash mit - 50 %, dann kosten die Anteile statt 10 Euro nur noch 5 Euro. Für Deine 100 Euro im Monat kaufst Du nun 20 Anteile. Erholt sich die Börse wieder auf den Wert von 10 Euro, dann kaufst Du wieder 10 Anteile, aber Deine 20 Anteile aus dem Vormonat haben sich verdoppelt, denn diese 20 Anteile kosten nun ebenfalls je 10 Euro, sodass Du 200 Euro hast.

Mit dem Börsencrash und der späteren Erholung hast Du beim Sparen Gewinn gemacht. Der andere Kunde mit seinen 100.000 Euro, hat diese jetzt wieder - ohne jedoch Gewinn gemacht zu haben. Dieses Phänomen nennt man *„cost-average-effekt.“* Kaufen zum Durchschnittspreis.

Es ist wie auf dem Wochenmarkt. Am Anfang der Saison kostet eine Schale Erdbeeren 5 Euro. Einige Zeit später bekommst Du 2 Schalen für 5 Euro und in der Hochsaison und kurz vor 13 h auf dem Wochenmarkt, wenn die Händler alle wieder nach Hause wollen, erhältst Du 3 Schalen für 5 Euro. Was passiert dort? Niemand rennt schreiend über den Wochenmarkt und brüllt: *„Hilfe, die Preise für Erdbeeren sind abgestützt, niemand sollte mehr Erdbeeren kaufen.“*

Nein, stattdessen kauft man, wenn es günstig ist. Genauso wie früher im Schlussverkauf oder heutzutage am Black Friday.

Wenn also ein Börsencrash kommt, dann ist es Zeit zum Einkaufen und nicht, um in Panik zu geraten. Du kaufst immer wieder neue Anteile an den Fonds ein und erhältst so einen Durchschnittspreis. Das Gegenteil solltest du übrigens auch nicht tun. Also wenn die Börsen gerade gut stehen, nun zu glauben, ich investiere mal ein paar Monate nicht, weil es später dieselben Anteile günstiger gibt. Das Warten auf die günstige Gelegenheit lässt einige Pseudo-Investoren heute noch warten. Und diese warten nun seit 20 Jahren auf den günstigen Einstiegszeitpunkt.

Also keine Angst vorm Börsencrash. Die Zeiten, wo man sich darüber Gedanken machen kann und sollte, die liegen bei Dir noch einige Jahrzehnte vor Dir. Aus heutiger Sicht sollte man ab einem Alter von 55 Jahren darüber nachdenken, Stück für Stück die Anlagen abzusichern. Dazu haben wir bei uns im Unternehmen auch einen eigenen Prozess und sogar zwei eigene vermögensverwaltenden Strategien. Hier kontrollieren wir sehr kurzfristig die Depots unserer Kunden. Das ist aber eher ein Thema für Deine Eltern als für Dich. Investieren die auch in Fonds, dann könntest Du ihnen an dieser Stelle mal einen Tipp geben, sich diese Sicherung ihres Geldes mal bei uns anzusehen.

26. Inflation

Zum Schluss der Gefahren für Dein Geld, kommt eine der größten Gefahren, die wir aber zu Deinem Vorteil umdrehen. Die Inflation. Die meisten können hoffentlich etwas mit diesem Begriff anfangen. Inflation bedeutet Geldentwertung. Nun bedeutet das - leider - nicht - dass jemand von der Bank kommt und aus Deinem 50 Euro Schein einen 45 Euro Schein macht. Das wäre super, denn dann würden die Menschen die Inflation sehen können, und sie würden wahrscheinlich eher handeln, als sie es jetzt tun.

Man hat nur ein vages und ungutes Gefühl, je älter man wird. Ich kann mich noch erinnern dass, meine erste Kugel Eis, die ich mir selber als Jugendlicher in der Eisdiele gekauft habe, 30 Pfennig gekostet hat. Also in etwa 15 Cent. Heute bezahle ich zum Teil für eine Kugel Eis 1,50 Euro. Der Preis hat sich verzehnfacht. Nun ist Eis ein gutes Beispiel, denn hier gibt es kaum technische Innovationen. Der Preis eines Autos ist da schwieriger zu vergleichen, weil ein Golf heute viel größer ist, als früher. Er hat viel mehr PS und hat eine viel höhere technische Ausstattung. Aber die Kugel Eis wird heute, wie vor 30 Jahren, handwerklich immer noch gleich hergestellt. Milch, Sahne, ein paar Früchte, Kälte und fertig. Die Verzehnfachung des Preises bedeutet im Übrigen eine Inflation für Eiskugeln von 5,93 % pro Jahr.

Dabei muss man immer zwei Dinge unterscheiden, und die sind auch den meisten „Erwachsenen" nicht unbedingt klar. Die Inflation wird statistisch berechnet und zwar aus einem sog. Warenkorb. Man stellt dort die Dinge zusammen, die ein durchschnittlicher Haushalt über ein Jahr benötigt und vergleicht dann über das Jahr die Preise. Darin sind dann Mieten, Lebensmittel, aber auch Strom und Benzin und Kosten für Technik wie Laptop, Handy und WLAN enthalten. Nun werden über das Jahr viele Dinge teurer, einige billiger. Und so wie der ehemalige britische Premierminister Churchill sagte: „Glaube nur der Statistik, die Du selbst gefälscht hast."

Der Warenkorb wird jedoch immer mit denselben Werten verglichen.
So werden PCs halt immer billiger - aber eigentlich eben doch nicht. Ein Laptop im mittleren Preissegment hat früher schon 1.000 Euro gekostet und so viel kannst Du heute auch ausgeben. Nur ist dessen Leistung heute viel höher.

Die Statistik vergleicht jedoch immer denselben Laptop. Und wenn Du einen Laptop der heute 1.000 Euro kostet vor 5 Jahren hättest haben wollen, dann hätte der damals, als High End Gerät, wahrscheinlich 3.000 Euro gekostet. Und diese Preisminderung fließt ebenso in die Statistik ein. Nur merken die Menschen davon in ihrem Geldbeutel nichts, denn niemand kauft sich dasselbe technische Gerät 5 Jahre später zum geringeren Preis. Man kauft immer das nächste Modell zum gleichen - oder etwas höheren Preis.

Oder Kino. Eine Kinokarte hat 2004 noch durchschnittlich 5,70 Euro gekostet. Heute liegt der Preis bei 8,63 Euro, was eine Inflation von 2,8 % bedeutet. In Hamburg zahlt man am Wochenende jedoch bereits 11,20 Euro. Da kommen wir auf eine Inflation von 4,61 %. Du siehst auch hier, die Zahlen können sehr schnell nach oben springen, je nachdem, wie man die Statistik füttert.

Du solltest daher vorsichtig sein mit den Angaben in der Tagesschau, wenn dort über eine Inflation von 1 % gesprochen wird. Im echten Leben steigen die Preise erheblich mehr, weshalb Du hier lernst, besser mit Deinem Geld umzugehen und es sinnvoll zu vermehren.

Am Anfang des Kapitels habe ich geschrieben, dass Du die Inflation auch zu Deinen Gunsten nutzen kannst. Wie also geht das? Inflation bedeutet ja einfach gesprochen, dass die Sachen teurer werden und dass man dafür mehr Geld ausgeben muss. Wenn Du also ganz viel Geld hast und es sinkt in seinem Wert, ist das schlecht. Hast Du Dein Geld aber in Sachen getauscht, die alle teurer werden, dann arbeitet die Inflation zu Deinen Gunsten.

Dabei sollte man das Geld nicht in irgendwelche Sachen tauschen, sondern das sollte gut überlegt werden. Tauschst Du Dein Geld in 50 Sofas, die Du alle in die Garage stellst, dann hast Du nach 5 Jahren nicht von der Inflation profitiert, sondern hast einen Haufen Müll, den Du für weiteres Geld teuer entsorgen musst. Du musst also andere Wege finden.

Einer der klassischen Wege sind die Geldanlagen, die wir vorhin schon zur Absicherung genannt haben, also Immobilien, Gold, Silber, Platin, Diamanten oder Strategische Metalle, sog. Seltene Erden. All diese Anlagen sind heute mehr wert, als vor 20 oder 30 Jahren. Und sie sind sogar währungsunabhängig. Ich habe bei mir im Büro z.B. noch Geldscheine aus dem Deutschen Reich zu Zeiten der großen Inflation. Danach bin ich sogar Milliardär. Diese Geldscheine hatten damals einen Wert. Nun stell Dir mal folgendes vor. Mein Großvater hätte damals einen Stapel dieser Geldscheine genommen und die für mich, als seinen späteren Enkel, sicher in einem Tresor verwahrt. Er hätte also das Geld sicher verwahrt, so wie viele das heute noch tun. Alternativ hätte er von dem Geld auch 5 Goldmünzen für mich kaufen können. Es ist nicht schwer zu ermitteln, wovon ich heute mehr hätte.

Obwohl es nicht so schwer zu verstehen ist, legen heute immer noch viele Menschen ihr Geld in Geld an, anstatt in Sachwerte. Das macht aber leider gar keinen Sinn. Dabei geht es gar nicht um Kurssteigerungen, es geht um Werterhalt. Bei den alten Geldscheinen ist nichts mehr da, außer ein Stück Papier mit Erinnerungswert für das Museum. Gold ist immer noch Gold. Eine Immobilie ist ebenfalls noch da, unabhängig, ob die Mal in Reichsmark, DM oder Euro gekauft wurde. Sie hat alle Krisen, Monarchien, Diktaturen, Kommunismus und Demokratie überlebt. Und ist heute mehr wert denn je.

27. Geldanlage und Steuern

Es gibt also die Notwendigkeit und genug Gründe, viel Geld zu verdienen. Das hat überhaupt nichts mit Snobismus zu tun, oder dass man angeben will. Es ist einfach und ergreifend notwendig, dass man Reserven hat. Und wenn man dann dazu kommt das Geld zu vermehren, tritt immer einer auf den Plan, den man am liebsten ignoriert, nämlich der Staat mit seinem Finanzamt. Das Finanzamt ist so sehr von Deinen Ideen nach mehr Geld begeistert, dass es dieses Geld sogar mit Dir teilen möchte.

Und ich höre es immer wieder: Viele jammern und meinen: *„Oh, dann verdiene ich lieber nicht so viel, sonst muss ich darauf noch Steuern bezahlen".* Meine Antwort: *„Hoffentlich!!!"* Hoffentlich musst und darfst Du viel Steuern bezahlen. Wenn Du irgendwann 1 Mio. Euro Steuern zahlst, dann weiß ich sicher, dass Du mindestens 2 Mio. Euro verdient hast. Und das ist doch toll. Also, höre nicht auf mehr Geld zu verdienen, um nicht so viele Steuern zahlen zu müssen. Der Weg läuft anders herum.

Wenn du später viel Geld verdienst, dann gibt es auch diverse Möglichkeiten, legal weniger Steuern zu zahlen. Vor allem dann, wenn du mehr Geld verdienst, als Du zum Leben benötigst. Das hat auch einen einfachen politischen Hintergrund. Der Staat greift immer dort am meisten zu, wo es am einfachsten ist und das ist beim normalen Einkommen. Da werden die Steuern sofort bezahlt. Wenn du mehr Geld hast, als Du monatlich benötigst, dann hast Du mehr Möglichkeiten Steuern zu sparen und das ist ganz legal. Wenn Du beispielsweise später eine Immobilie kaufst, um sie zu vermieten oder eine Solaranlage, um Ökostrom zu produzieren, dann kannst Du Deine Investition komplett von der Steuer absetzen.

Oder Du legst Dein Geld in einer Investmentpolice an, um diese am Aktienmarkt arbeiten zu lassen, dann brauchst Du sämtliche Erträge bis zum Rentenbeginn gar nicht versteuern und erhältst die Hälfte aller Erträge sogar komplett steuerfrei. Das Geld jedoch, was Du jetzt benötigst, um heute shoppen zu gehen, das wird immer voll besteuert. Zum Teil auch dreifach. Du zahlst auf Dein Bruttogehalt Lohnsteuer. Gehst Du einkaufen, zahlst Du von Deinem bereits versteuerten Nettolohn die Mehrwertsteuer. Kaufst Du z.B. Sekt oder Kaffee, zahlst Du zusätzlich auch noch Kaffee- und Sektsteuer. Da Du das Geld später nicht mehr hast, ist es die einzige Möglichkeit des Finanzamtes, vorher etwas abzubekommen in Form von Lohn- und Verbrauchssteuer. Daher macht es doppelt Sinn mehr Geld zu verdienen, als Du unbedingt benötigst, dann ersparst Du Dir hierauf viele tausend Euros an Steuern.

Das Problem ist also nicht die Steuerzahlung als solches, sondern die Angst der Menschen vor Steuerzahlungen und daher verdienen diese dann lieber. **Das ist der falsche Weg!**

Wir kommen später noch auf die verschiedenen Einkommensquellen z.B. bei Selbständigkeit zu sprechen. Auch hier muss man seine Einnahmen nicht alle versteuern und selbst der Gewinn kann z.T. ein oder zwei Jahre später versteuert werden und nicht wie bei einem Angestellten im selben Monat. Wenn Du Geld jedoch noch zwei Jahre behalten kannst, um damit zu arbeiten, könnten sich sehr interessante Möglichkeiten daraus ergeben.

Hier nachfolgend ein paar konkrete Beispiele:
Wenn Du 100.000 Euro verdienst, dann sind diese voll zu versteuern mit ca. 40 %. Das ist der teure Weg, wie oben gerade beschrieben. Wenn Du hingegen mit Deinen Geldanlagen Erträge erzielst, dann sind diese auch zu versteuern, z.T. aber viel günstiger. Das möchte ich Dir hier aufzeigen.

Beispiel Investmentdepots:
Wenn Du Geld in einem Depot liegen hast, dann teilt sich der Ertrag in der Regel auf, zwischen Kursgewinnen und Dividenden. Die Dividenden werden jedes Jahr dem Konto gutgeschrieben und müssen dann mit der sog. Abgeltungssteuer versteuert werden. Diese beträgt pauschal 25 %, solltest Du persönlich weniger Steuern zahlen, dann gilt sogar Dein geringerer persönlicher Steuersatz. Aber selbst ein Profifußballer mit 10 Mio. Euro Jahreseinkommen zahlt hier nur 25 % auf diese Einkünfte, statt 45 % wie auf sein übriges Einkommen.

Die Kursgewinne werden erst dann versteuert, wenn der Kursgewinn feststeht. Also erst beim Verkauf des Depotinhaltes. Solange man die Kurse laufen lässt, fallen hier gar keine Steuern an.

Nehmen wir an, Du hast ein Depot mit 30.000 Euro. Letztes Jahr ist das um 10 % gewachsen, von den 3.000 Euro waren 1.000 Euro Dividenden und 2.000 Euro Kursgewinne. Da Du die Fonds nicht verkaufst, musst Du die Kursgewinne nicht versteuern. Von den 1.000 Euro Dividende kannst Du jetzt noch einen Freibetrag als Single von 801 Euro abziehen. Als Verheiratete später das Doppelte. Das bedeutet, am Ende bleiben gerade mal 199 Euro übrig die Du versteuern musst, mit max 25 %. Du zahlst also 25 Euro Steuern auf 3.000 Euro Gewinn. Also gerade mal 0,83 %.

Lass Dich also nicht verrückt machen wegen der Steuern. Nichts ist schlimmer, als die Steuern auf das normale Gehalt. Und dennoch würdest du Deinem Chef auch nicht sagen: *„Ach, lassen sie die 500 Euro Gehaltserhöhung mal stecken, da muss ich nur mehr Steuern zahlen."* Niemand würde das tun.
Man freut sich und steckt das höhere Gehalt – dann als Nettosumme von ca. 300 Euro - gerne ein.

Steuern auf Geldanlagen sind und werden immer begünstigt. Das hat auch politische Gründe, denn der Staat hat immer die Sorge, dass Du denen später *„auf der Tasche liegst."* Da ist es günstiger die Geldanlagen steuerlich zu fördern und so die Menschen zu ermutigen, sich um sich selbst zu kümmern. Du tust also nicht nur Dir etwas Gutes, sondern auch der Gesellschaft.

Beispiel Immobilie als Kapitalanlage:
Wenn Du für 100.000 Euro eine Wohnung kaufst, um diese zu vermieten, dann ist die Miete zu versteuern. Als Beispiel erhältst Du 5.000 Euro Mieteinnahme pro Jahr. Hierauf hast Du, wie beim Gehalt, die volle Steuerlast. Aber Du darfst 2 % Abschreibung geltend machen. Diese beziehen sich normalerweise nur auf den Gebäudewert, der i.d.R. 90%
des Immobilienwertes ausmacht. Aus Vereinfachungsgründen lassen wir das mal weg. Das bedeutet, Du hast 5.000 Euro Einnahmen, musst aber nur 3.000 Euro versteuern. Ein klarer Vorteil.

Da Du die Immobilie in der Regel nicht bar bezahlst, sondern von der Bank finanzieren lässt, zahlst du statt des Kaufpreises Zinsen und Tilgung an die Bank. Und auch die Zinsen kannst du von der Steuer absetzen. In Summe bedeutet das:

Immobilienwert	**100.000 Euro**
Mieteinnahmen im Jahr	**5.000 Euro**
Abzgl. Abschreibung	**2.000 Euro**
Abzgl. Zinsen	**1.500 Euro**
Zu versteuern:	**1.500 Euro.**

Auf diese 1.500 Euro zahlst Du mit einem Durchschnittseinkommen 500 Euro reale Steuern. Also von den eigentlichen 5.000 Euro, die Dir zufließen, sind das nur 10 %. Du siehst, investierst Du Dein Geld anstatt es auszugeben, ist das Ganze auch steuerlich sehr interessant. Der Konsum wird immer am höchsten besteuert, weil der Staat hier am einfachsten zugreifen kann. Deine Investitionen dienen langfristig, aber nicht nur Deinem eigenen Wohl, sondern Du schaffst mit vermieteten Immobilien auch Wohnraum für andere.

Alle anderen Feinheiten lassen wir an dieser Stelle mal weg. Mir geht es hier nur darum Dir zu zeigen und Dich zu motivieren, dass Du massiv Steuern sparen kannst mit Deinen Anlagen. Genauso ist z.B. der Kauf von Gold nicht nur MWSt-frei, sondern der Gewinn ist bei steigenden Kursen nach einem Jahr ebenfalls komplett steuerfrei – und so könnte ich immer weiter machen.

Merksatz: Nichts wird so hoch besteuert, wie der Konsum.

28. Gedanken bringen Geld

Eines der berühmtesten Zitate zum Thema Geld stammt von John D. Rockefeller:

„Es ist besser eine Stunde über sein Geld nachzudenken,
als einen ganzen Monat für Geld zu arbeiten."

Das Zitat ist fast 100 Jahre alt und doch hat es nichts von seiner Aktualität verloren. Frag mal bei den Menschen nach. Wie viel arbeitest Du für Dein Geld? Dann werden die meisten Menschen sagen: 40 Stunden oder sogar noch mehr. Und wenn Du dann dieselben Menschen fragst, wie viele Stunden hast Du letzten Monat über Dein Geld nachgedacht? Dann werden dieselben Menschen meist sagen: *„Gar nicht."*

Wenn nun aber einer der ersten Milliardäre dieses Planeten einen solchen Satz prägte, während die meisten Menschen - die im Übrigen kein Geld haben - äußern: *„Ach, was soll ich denn über Geld nachdenken, es ist eh immer zu wenig da".* Dann sollte man einfach mal darüber nachdenken, ob zwischen diesen beiden Aussagen ein Zusammenhang besteht.

Glaubst Du Rockefeller hat nur über Geld nachgedacht, weil er so reich war oder war er vielleicht so reich, weil er zunächst anfing über Geld nachzudenken und dann in der Folge, umso mehr zu verdienen? Oder glaubst Du gar, er hat sich selbst gar nicht an sein eigenes berühmtes Sprichwort gehalten?

Ich habe im Laufe meiner beruflichen Tätigkeit zum Thema Geld mit vielen armen und auch mit vielen reichen Menschen reden können. Und eines kann ich mit Sicherheit sagen: Diejenigen, die reich oder zumindest wohlhabend sind, die machen sich alle viel mehr Gedanken um Geld und deren Vermehrung als diejenigen, die arm sind. Und sie fangen nicht erst an, wenn sie Geld haben oder weil sie Geld haben. Sie fangen an darüber nachzudenken, weil sie sich für ihr Geld interessieren.

Wenn Du Dich für Fußball interessierst, dann weißt Du mehr über Fußball als diejenigen, die sich nicht dafür interessieren. Interessierst Du Dich für Hunde oder für Pferde? Dann kannst Du sicher die verschiedenen Rassen unterscheiden, weißt, wie sie reagieren, wie sie gepflegt werden müssen, wo ihre Stärken und Schwächen sind. Du lernst automatisch alles in einem Bereich, der Dich besonders interessiert. Nun ist nicht jeder automatisch an Geld interessiert und begeistert sich auch nicht für Zahlen. Aber bedenke: Du kannst ohne Fußball, ohne Pferde und ohne Hunde leben. Aber Du kannst in Mitteleuropa nicht ohne Geld leben.

Du kannst Dich hier und jetzt entscheiden, ob Du frei sein möchtest, weil Dir Geld keine Probleme macht und Du immer genügend Geld zur Verfügung hast, oder ob es für Dich - wie für viele Millionen Menschen - zum dauerhaften Problem werden soll. Möchtest du es leicht haben oder lieber schwer? Möchtest Du Dich unbekümmert um Dich selbst, Deine Familie und Deine Hobbys kümmern (die zu 99% auch Geld kosten), oder willst Du Dich nachts lieber schlaflos im Bett wälzen vor lauter Kummer und Sorgen, weil Rechnungen noch immer unbezahlt sind und Du nicht weißt, wie es morgen weitergehen soll? Du entscheidest.

Wenn Du Dich um Dein Geld kümmerst, dann kümmert sich Dein Geld auch um Dich. Wenn Du Dich nicht kümmerst und Dich nicht für Dein Geld interessierst, dann wirst Du finanziell gesehen, immer zu den Verlierern gehören.

Wenn Du denkst: *„Keinen Bock, mich schon wieder um meine Ein- und Ausgaben zu kümmern"*, dann musst Du das auch nicht. Aber die Chance, dass Deine Ausgaben regelmäßig höher sind, als Deine Einnahmen, liegt bei 80 %. Und das bedeutet, der Weg zum Dispo-Kredit und zum ersten Privatkredit ist ganz nah. Und da, durch die Raten des Kredites, die Ausgaben noch höher werden, treten die nächsten Schwierigkeiten zukünftig wieder auf - nur noch größer. Banken werben oft mit: *„Jetzt die Freiheit genießen mit unseren günstigen Privatkrediten."* NEIN, das ist keine Freiheit. Das ist Abhängigkeit.

Wenn Du aber denkst: *„Okay, mich mit meinem Geld zu beschäftigen ist nicht meine größte Leidenschaft, aber es ist eine Aufgabe, die ich als junger Erwachsener jetzt lernen muss"*, dann wird es zur Routine - wie Zähneputzen. Und alles, was man regelmäßig macht, wird zur Gewohnheit, man muss nicht lange darüber nachdenken. Und wenn unser Körper sich an dieses Verhalten bzw. diese Aufgaben gewöhnt hat, dann läuft es automatisch. Dein Denken wird besser und Deine

Ergebnisse ebenso. Und so, wie sich Deine Ergebnisse verbessern, wächst auch der Spaß. Wenn Du irgendwann Deine ersten Investments tätigst und Du erhältst zum ersten Mal eine Abrechnung mit 100 oder gar mit 1.000 Euro an Gewinn, was glaubst Du, wie Du Dich fühlen wirst? Das ist dann ganz alleine Dein Verdienst!

Alles beginnt mit Deinen Gedanken.

Du bestimmst, womit Du Dich beschäftigst. Sich mit Geld und insbesondere mit seinem eigenen Geld zu beschäftigen, ist übrigens eines der lukrativsten Jobs, die es gibt. Denn Du kannst und wirst jahrzehntelang davon profitieren. Schaffe Dir Gewohnheiten an, die Dich nach vorne bringen im Leben. Ob Du die Gewohnheit hast, jedes Wochenende eine Kiste Bier zu leeren oder die Gewohnheit, Dich jedes Wochenende zwei Stunden lang mit Deinem Geld zu beschäftigen und über Investments und Finanzwissen etwas zu lernen, ist nur Deine Entscheidung.

Aber bleiben wir bei diesem Beispiel. Glaubst Du es macht im Laufe von 15 bis 20 Jahren einen Unterschied, ob sich jemand Woche für Woche 2 Stunden mit einem Thema beschäftigt, oder er dies komplett vernachlässigt? Im Zeitraum von über 20 Jahren sind das mehr als 2.000 Stunden pures Wissen. Mehr, als Du in einem Studium lernst.

Ich schließe dieses Kapitel mit einem bekannten Spruch:

„Steter Tropfen höhlt den Stein.“

29. Glaubenssätze können Dich Geld kosten

Was sind Glaubenssätze und warum haben sie einen so starken Einfluss auf unser Leben? Ein Glaubenssatz ist etwas in Deinem Unterbewusstsein, was sich dort als Gedanke eingepflanzt hat. Leider gibt es keine Bedienungsanleitung, um festzustellen, wo Du diese Glaubenssätze abgespeichert hast und es ist am Anfang sogar schwer überhaupt zu erkennen, welche Glaubenssätze man verinnerlicht hat.

Meist sind es die kleinen feinen Bemerkungen von Eltern, Großeltern oder aus dem Kindergarten, die diese Glaubenssätze erzeugen. Wenn Du schon mal gehört hast: *„Das können wir uns nicht leisten"* oder: *„Wir sind zwar arm, aber glücklich"* oder: *„Jetzt ist der so reich, aber trotzdem nicht glücklich"* oder: *„Du bist ein Mädchen, das kannst Du nicht"* oder: *„Das schaffst Du sowieso nicht"* oder: *„Du bist zu klein, zu groß, zu schwach, zu dünn, zu dick, das ist nichts für Dich"*, all das sind Aussagen, die Glaubenssätze erzeugen. Du nimmst das irgendwann als *„Wahrheit"* an, ohne den Inhalt der Äußerung noch zu hinterfragen. Der Spruch ist für Dich zum Gesetz geworden - und das ist gefährlich!

Ein Satz wie: *„Wir sind arm aber glücklich"* oder: *„Geld alleine macht auch nicht glücklich"* sind möglicherweise objektiv wahr. Natürlich macht Geld alleine nicht glücklich. Man braucht auch Gesundheit und Liebe dazu. Aber er impliziert vor allem die Gefahr, dass Du ungewollt davon ausgehst, mit Geld nicht glücklich sein zu können, oder nicht glücklich zu werden. Du musst Dich aber gar nicht zwischen Geld und Glück entscheiden! Die Kombination macht's!

Und denke niemals: *„Lieber votiere ich für Glück statt für Geld"*. Aber versuch doch mal, ohne Geld glücklich zu werden! Und beachte dabei, dass später eine eigene Familie zu ernähren ist, die stets Hunger hat. Macht das wohl glücklich? Viele von Euch werden es erlebt haben, dass jemand Schlechtes über Dich sagt. Viele von Euch haben Dinge gehört wie: *„Das kannst Du nicht, das schaffst Du nicht, was bildest Du Dir nur ein, dafür bist Du zu blöd."* Wer hat ein Umfeld, wo man z.B. sagen kann: *„Ich möchte mal ein berühmter Schauspieler werden."* Und was sagt dann die Familie oder was sagen die Freunde? Sagen die: *„Wow, großartig, Du schaffst das, ich glaube an Dich"* oder werden die meisten hören: *„Ach, das wird* doch sowieso nichts, Spinnereien, lerne erstmal was ordentliches, es gibt so viele arbeitslose Schauspieler." Und es wäre ja alles nicht so schlimm, wenn das an uns abprallen würde. Tut es aber nicht. Wir nehmen uns diese Kritik zu Herzen, meist sogar mehr, als die guten Worte. Und genau hier beginnt das Problem, weil man sich die schlechten Worte zu eigen macht. Weil man die als richtig oder gar als ehrlich wahrnimmt. Aber das ist falsch. Und genau daraus ergeben sich diese negativen Glaubenssätze. Du bist nicht schuld, denn Du bist ok. Du bist genauso wie Du bist ok und gut. Und niemand sollte daran zweifeln.

Es ist also wichtig zu wissen, dass sich aufgrund solcher bewussten oder häufig sogar unbewussten Aussagen, bestimmte Regeln im Unterbewusstsein bei jedem von uns ansammeln können, die unser Leben beeinflussen. Erst, wenn wir das erkennen und erst, wenn wir entscheiden, diese alten Aussagen für uns zu akzeptieren oder abzulehnen, können wir selbstbewußt leben und eigene Entscheidungen treffen.

Befreie Dich von Einflußnahmen — und Du kannst selbstbestimmt durchstarten!

„Das können wir uns nicht leisten", was bewirkt dieser Satz in Dir, obwohl Du Deine Ausbildung beendet hast und jetzt richtig durchstarten willst? Du wirst vorsichtig sein. Du bleibst bescheiden. Und was tätest Du, wenn Dir Dein Chef plötzlich ein völlig neues Projekt überträgt, bei dem Du 200.000 Euro im Jahr verdienst? Damit könntest Du Dir plötzlich alles leisten! Aber mit Deinem alten Glaubenssatz kommst Du dann in Konflikt.

Das Ganze geht so weit, dass Menschen sich später selbst boykottieren. Sie vernachlässigen ihre Arbeit, könnten sogar entlassen werden, nur um dann sagen zu können bzw bestätigt zu bekommen: *„Siehst Du, das ganze Geld in dem neuen Job macht eben doch nicht glücklich"*. Lass es nicht so weit kommen. Bei dem einen oder anderen von Euch werden diese Glaubenssätze zwar vorhanden sein, aber keinen großen Schaden anrichten. Bei anderen aber schon. Wenn Du also merkst, dass Dich etwas Unerklärliches zurückhält und Du nicht den Erfolg - egal ob mit Geld, im Leben oder in der Liebe hast, der eigentlich zu erwarten war, dann solltest Du Dich mit diesem Thema näher beschäftigen. Es gibt spezielle Coaches und Therapeuten, mit deren Hilfe recht schnell Abhilfe geschaffen werden kann.

Es hat bitte auch nichts damit zu tun dass Du nicht gut (genug) bist, sondern mit Deinem Umfeld, was Du Dir als Kind nicht hast aussuchen können. Traurig daran ist nur, dass wir es alle bis zum 4. - 6. Lebensjahr anders erlebt haben. Jeder von uns hat schon Niederlagen einstecken müssen. Aber wie reagiert Dein Umfeld darauf? Das ist der entscheidenden Punkt. Die ersten richtigen Niederlagen stecken wir ein - beim Laufen lernen zum Beispiel! Und was haben wir nach jedem Sturz gemacht? Wir sind einfach aufgestanden und haben das Laufen noch einmal probiert. Geschafft hat es ein jeder!

Wieso war das möglich – wo Du doch heute so schnell an Dir selbst zweifelst?

Du hast wahrscheinlich, wie wir alle, das Laufen nicht beim ersten Mal geschafft. Aber was sagten Deine Eltern nachdem Du das erste Mal hingefallen bist? Schwachkopf? Versager? Das schafft er/sie nie! Vielleicht sollte er/sie einfach beim Krabbeln bleiben? Oder gingen die Bemerkungen eher in diese Richtung: *„Toll, jetzt gleich noch mal! Bravo, das schaffst Du! Komm zu Papa, noch 1 Schritt!"* Und sie haben Dich gefeiert wie das 8. Weltwunder. Für so etwas Banales wie einen oder zwei Schritte zu laufen. Und beim Fahrradfahren später genauso: Hier wurden wir gelobt und bestärkt, auch wenn wir 50 oder 100 Versuche dafür gebraucht haben.

Und später? In der Schule? Da zählte Leistung und Versagen wurde bestraft. Und wenn Du mit einer 5 in Mathe nach Hause gekommen bist war noch alles gut. Bei der zweiten 5 vielleicht auch noch. Aber nach der fünften 5 in Mathe, war da immer noch die Motivation vorhanden, wurdet Du immer noch bestärkt oder hat man Dich in Bezug auf Mathe allmählich aufgegeben? Kennst du irgendjemanden, den die Eltern beim 5. Versuch zu laufen aufgegeben haben, der heute als gesunder Mensch immer noch krabbelt, weil die Eltern sagten: *„OK, Laufen ist nun mal nichts für ihn."* In der Schule ist das tausendfach so gelaufen.

Du hast mehr Fähigkeiten, als Du glaubst und von denen Du weißt, dass Du sie hast. Du musst also im Laufe Deines Lebens lernen und erkennen, welche Glaubenssätze Dir helfen, Dich aufrichten oder kaputt machen. Alle Menschen sind mit unterschiedlichen Glaubenssätzen aufgewachsen. Wenn die Eltern Deines Freundes ihrem Sohn immer erzählt haben: *„Wir lieben Dich, wir glauben an Dich, Du schaffst alles, was Du willst"* und dieser Freund erhält die oben genannte

Beförderung für den 200.000 Euro Job, dann ist es für ihn völlig normal. Es war für ihn schon immer klar, dass er irgendwann entdeckt wird. Er war sich sicher, dass er später erfolgreich sein wird. So geht er mit diesem Selbstwertgefühl und dem notwendigen Selbstbewusstsein an den Job heran. Und genau dadurch wird er ihn wahrscheinlich auch gut machen.

Du siehst, es hat nicht immer nur mit Deinen persönlichen Fähigkeiten zu tun und dieses Buch soll Dir mehr sein, als nur ein paar heiße Anlagetipps zu liefern. Und nur wenn Du Dir Deiner Situation bewusst bist, hast Du die Entscheidung nur noch die guten und hilfreichen Glaubenssätze zu nutzen und die anderen gegen bessere Glaubenssätze einzutauschen. Das ist das Schöne an Glaubenssätzen. Du kannst sie auch verändern. Und zwar so, dass sie für Dich arbeiten, statt gegen Dich.

Der Glaube an Dich selbst stärkt Dein Selbstbewusstsein und Dein Auftreten. Nutze Beides für Deine Zukunft – in jeglicher Hinsicht!
Wenn Dich dieses Thema und das Thema Selbstbewußtsein besonders interessieren, dann empfehle ich Dir das neue Buch von Bodo Schäfer: „Ich kann das!" Anhand einer Geschichte eines jungen schüchternen Mannes beschreibt er die Wichtigkeit von Selbstwert, Selbstbild und Selbstbewußtsein und zeigt auf, dass die 3 Worte **ICH KANN DAS** zu den wichtigsten Worten gehören, um persönlichen Erfolg zu erzielen.

30. Die Sicherheit bei der Geldanlage

Die große Frage oder die große Herausforderung bei der Geldanlage lautet: Sie muss auf jeden Fall sicher sein. Auch das ist übrigens eine Frage der Glaubenssätze. Wieso sollte eine Geldanlage denn sicher sein? Oder anders gefragt, was bedeutet Sicherheit für Dich in diesem Zusammenhang? Bevor man mit Begriffen um sich schmeißt, sollte man diese vorher definieren, also klären, was sie genau bedeuten.

Nun sagt der eine oder andere von Euch, es sei doch klar was Sicherheit bedeutet. Ich denke, so klar ist es nicht. Es könnte nämlich bedeuten, dass das Geld nicht weg ist oder weniger wird. Nun sparst Du ja langfristig. Wäre es denn wirklich ein Problem, wenn Du Geld anlegst und zwischendurch ist nur noch die Hälfte da, ein paar Jahre später dafür doppelt so viel? Oder darf das Geld zu keinem Zeitpunkt weniger werden?

Oder bedeutet Sicherheit, dass nicht nur das Geld (noch) da ist, sondern Du davon auch noch genauso viel hast? Also, Deine Kaufkraft erhalten bleibt. Denke an meine alten Reichsmark. Hilft es Dir, wenn Du immer noch 10.000 Euro hast, Du aber mit Euros nicht mehr bezahlen kannst, weil wir eine andere Währung haben? Sind die 10.000 Euro dann auch sicher, weil sie noch da sind?

Und spätestens jetzt kommt der eine oder andere wahrscheinlich ins Grübeln und versteht, warum eine Definition notwendig ist. Ebenso verhält es sich doch mit Geldanlagen, die angeblich sicher sind, aber am Ende real das Geld vernichten. So ist es aktuell bei Sparbüchern und Tagesgeldkonten der Bank. Zum einen suggeriert man den Kunden eine Sicherheit durch eine gesetzliche Einlagensicherung, auf der anderen Seite verlangen Banken Gebühren für die Hinterlegung von Geld, den sog. Negativzins. Während Eure Eltern und Großeltern noch 5 - 8 % Zinsen auf dem Tagesgeldkonto bekommen haben, musst Du heute als Kunde für größere Beträge bis zu 1 % Minuszinsen zahlen. Bei 100.000 Euro Anlage sind das in der Spitze 9.000 Euro Unterschied - pro Jahr.

Schaut man sich die Entwicklung in den letzten 10 Jahren auf den Kapitalmärkten an, dann stellt man fest, dass alle Anlagen, die eine vermeintliche Sicherheit geboten haben, eher Geld verloren haben. Die mit dem höchsten Risiko wurden belohnt. Egal ob es sich dabei um Technologieaktien, oder um Bitcoins handelt. Was also ist wirklich sicher?

Meine Erkenntnis nach über 30 Jahren an den Finanzmärkten lautet: nichts ist wirklich sicher. Und weil das so ist, sollte man schauen, wo man gute Erträge bekommt und sein Geld streuen. Denn es kann immer mal sein, dass die eine oder andere Geldanlage nicht funktioniert, ein Konzept nicht aufgeht, man Opfer krimineller Machenschaften wird, es gesetzliche Änderungen gibt, oder am Ende das Finanzsystem komplett zusammenbricht. Aber, egal was passiert, wenn Du auf reale Anlagen setzt, so wie ich es an verschiedenen Stellen erklärt habe und wenn Du unterschiedliche Anlagen nutzt, dann erreichst Du mehr Sicherheit und erzielst am Ende gleichzeitig höhere Erträge, als wenn Du versuchst über 30 oder 40 Jahre immer auf der sicheren Seite zu sein. Das Leben ist schließlich das Gefährlichste überhaupt. Es endet immer mit dem Tod.

31. Bewerbung - Dein Wegs ins Unternehmen

Das Thema Bewerbung ist eines meiner Lieblingsthemen, weil es so einfach ist und gleichzeitig so oft falsch gemacht wird. Ich habe es in der Einleitung schon erwähnt. Das erste Bewerbungstraining erhält man in der Schule von Lehrern, die davon zu 99 % keine Ahnung haben. Wie sollten sie auch, sie haben sich noch nie in ihrem Leben beworben und sie haben noch niemals jemanden eingestellt und saßen deshalb auch nicht auf der anderen Seite des Bewerbungstisches.

Die Grundlagen lernst Du in der Schule, also, dass man einen Lebenslauf, ein Foto und ein Anschreiben benötigt und dass alles ohne Schreibfehler und ohne Kaffeeflecken sauber präsentiert werden sollte. Und da hört es dann meistens schon auf.

Hier also mal ein paar Hacks aus der Praxis, die Dich Deinem Traumjob näher bringen.

Farben:
Wenn Deine Bewerbung klassisch per Post verschickt wird und Du Deine Daten nicht in eine Formatvorlage im Internet eingeben musst, dann achte auf Farben. Nutze die Farben der Firma. Bewirbst Du Dich bei einer Sparkasse, dann ist Deine Mappe rot, willst Du zur Commerzbank, dann nutze eine gelbe Mappe. Unternehmen und auch die Mitarbeiter identifizieren sich mit ihrer Firma und unterbewusst auch mit den Farben. Überall in einer Sparkasse findest Du rote Streifen am Tresen, rote Schilder, rote Säulen. In anderen Unternehmen entsprechend. Wenn Du nun mit einer grünen Mappe kommst, dann wirkt das schon wie ein Fremdkörper. Rein unterbewusst wirkt das störend. Du kannst auch innerhalb der Anschreiben oder beim Lebenslauf einen leichten Farbstreifen setzen als Deko-Element. Aber nicht zu doll, es darf nicht aufgesetzt wirken.

Die Auswahl der Unternehmen:
Viele machen sich eine Liste von ihren TOP 10 Unternehmen, wo sie sich vorstellen könnten zu arbeiten und arbeiten sich dann von oben nach unten durch. Zuerst versucht man es bei seinem Lieblingsunternehmen. Mach das nicht! Es ist doch

wahnsinnig bei der wichtigsten Firma zu starten und ohne Vorbereitung auf das große Glück zu hoffen. Mach es genau andersherum. Fange bei der Rangfolge unten an! Dort willst Du eh nicht hin und hast nichts zu verlieren. Wenn Du ein Vorstellungsgespräch bekommst, kannst du völlig entspannt dort reingehen und so quasi die Praxis trainieren. Wie funktioniert das, welche Fragen werden mir gestellt? Wie reagierst Du darauf. Du kennst das anders bestimmt auch. Manchmal fällt einem hinterher der Supersatz ein, wie man hätte reagieren sollen. Bei der Nummer 10 ist es nicht schlimm, wenn das schief geht. Also bleib ganz locker. Da Dir die Firma nicht so wichtig ist und Du noch einige Fehler machst, bekommst Du den Job nicht. Jetzt machst Du Dich an Nr. 9, 8 und 7. Und Dein Auftreten wird besser, Deine Reaktionen schneller, Deine Aufregung sinkt, denn nun hast Du schon 4 Gespräche geführt und wirst immer lockerer. Das schlimmste was Dir jetzt passieren kann ist, dass Dir einer von denen schon einen Job anbietet. Jetzt hast Du in der Regel immer noch Zeit bei der Nr. 1 oder 2 anzufragen.
Aber Du bist auf der sicheren Seite.

Anpassung an das Unternehmen:
In den klassischen Bewerbungstrainings lernt man nicht, Unterschiede zwischen Unternehmen zu machen, einzig weist man Dich vielleicht auf die richtige Kleidung hin. Vielmehr ist es aber schon die Art der Bewerbung. So sind z.B. schriftliche Bewerbungen bei einem kleinen Handwerksbetrieb meist überflüssig. Die haben keine Organisation, wo Papiere geordnet verarbeitet werden wie in einem Großkonzern. Da macht der Meister das am Sonntag nebenbei. Und dieser Stapel mit den Bewerbungen stört eher, als das es hilft. Die meisten sind auch keine Freunde davon jetzt eine Selektion zu fahren, den ausgeschiedenen Bewerbern freundlich die Unterlagen wieder zurückzuschicken, oder mit anderen einen mehrstufigen Bewerbungsprozess zu durchlaufen. Willst Du in einen Handwerksbetrieb? Geh da hin! Stell Dich vor und sag dem Meister, was Du willst, warum Du Dich für den Job interessierst und wenn möglich, biete ihm an, für ein paar Tage kostenfrei zur Probe zu arbeiten. Dann kannst Du und auch er viel besser feststellen, ob ihr zusammenpasst und ob die Arbeit Dir liegt. Ein Handwerksmeister entscheidet so viel eher, als mit der schönsten schriftlich formulierten Bewerbung.

Stell Dich in die Schuhe des Chefs:
Die meisten Bewerber gehen mit der Erwartung in ein Gespräch, dass die Firma

ihnen sagt, was er tun soll, wie viel sie zahlen und wie viel Urlaub man bekommt. Das ist aber nur die eine Seite. Auf Seiten der Firma geht es um ganz andere Sachen. Da ist es wichtig, mit welcher Motivation erscheint der Bewerber hier, passt er in unsere Unternehmenskultur, hat er Lust sich zu entwickeln und voranzukommen, oder ist es nur jemand, der Dinge abarbeitet und dann pünktlich nach Hause geht?

Wenn ich Bewerbungsgespräche führe, dann frage ich immer: *„Was glauben Sie, dass sie für mich tun können?"* Dann gucken die meisten verwirrt. Denn, auch wenn das jetzt hart klingt, muss man eines ganz deutlich sagen: **Du musst der Firma mehr Geld bringen, als Du kostest.** Denn sonst würde Dich niemand einstellen. Warum sollte ich als Unternehmer jemanden einstellen, von dem ich keinen Vorteil habe? Hierüber machen sich die wenigsten Bewerber Gedanken. Was also tust Du für die Firma, damit sie mit Dir und durch Dich mehr Geld verdient, als ohne Dich? Wo ist der Nutzen, den Du bringst? Ich weiß, das ist hart, aber es ist ehrlich – es ist die Realität!

Das gilt natürlich noch nicht so hart für die Ausbildung. Aber auch hier kannst Du natürlich schon produktiv sein und wenn Du im Vorstellungsgespräch zur Ausbildung so etwas schon aktiv äußerst, dass Du Dir vorstellen kannst und Du Dir wünscht, dass Du nach dem 1. Ausbildungsjahr schon aktiv etwas zum Unternehmenserfolg beitragen kannst, dann horcht der Chef auf. Das sind Aussagen, die Dich weiterbringen. Die meisten Bewerber scheitern nämlich aufgrund ihrer persönlichen Einstellung und nicht wegen ihrer schlechten Schulnoten. Auch ich stelle 10x eher jemanden ein, der will und aktiv ist und versteht, dass die Firma ein Ziel hat, das alle verfolgen müssen, als jemanden, der mich mit vielen Einsern auf dem Zeugnis beeindruckt, aber nicht versteht, dass er für die Firma selbst etwas tun muss und nicht die Firma dankbar sein muss, dass er nun endlich da ist.

Bereite Dich vor und übe:
So wie oben gesagt, nutze die Möglichkeit zu vielen Gesprächen. Damit wird man besser. Bereite Dich auf die Gespräche vor. Internet, Social Media, Fanpage auf Facebook, Xing Einträge der Firma und des Geschäftsführers. Nichts ist schlimmer, als wenn Du heute zu einem Gespräch kommst und fragst, was machen Sie hier eigentlich genau? Du kannst schon diese Frage stellen, nur halt viel spezifischer. Also wenn die Firma z.B. Waschmaschinen baut, dann kannst

Du fragen: „*Stellen Sie auch welche für den industriellen Einsatz her, oder wie hoch ist der Anteil, den Sie ins Ausland verkaufen?*" Das zeigt tiefergehendes Interesse. Stelle Dich darauf ein, dass die Firma hauptsächlich etwas über Dich und Deine Motivation wissen will. Die klassischen Fragen sind dabei: „*Nennen Sie bitte mal kurz ihre 5 größten Stärken und Schwächen.*" Wenn Du hier keine Antworten hast, dann machst Du es der Firma schwer zu entscheiden. Denn sie will ja Dich kennenlernen und hat dafür nur 1 Stunde. Du kennst Dich aber schon 20 Jahre und hast keine Antworten, wie soll dann die Firma Dich schneller und besser kennenlernen? Gib denen auch eine Chance, sich für Dich zu entscheiden.

Ein beliebtes neues Spiel ist bei Vorstellungsgesprächen gerade auch bei Bachelor Absolventen der Test, wie die Bewerber mit Fragen und Situationen umgehen. Man stellt eine Reihe von Fragen, die immer schwieriger werden, bis zum Schluss Fragen kommen, die kann man gar nicht beantworten, also wie schwer ist z.B. das Empire State Building? Hier geht es nicht um richtige Antworten, sondern um die Frage, wie Du Probleme angehst. Wie baust Du Deinen Lösungsweg auf. Welche Gedanken machst Du Dir, um zu einer Lösung zu kommen. Warum man so etwas macht? Weil das das Leben ist. Man muss im Laufe der Zeit Probleme lösen, die es so noch nicht gab und für die es keine klaren Antworten gibt. Wer aber am Anfang aufgibt und sagt, ich weiß die Lösung nicht, oder darüber lamentiert, dass die Frage falsch oder unsinnig ist und nicht zum Job gehört, der verliert. Wie gesagt, die wichtigste Frage, die ich als Unternehmer im Vorstellungsgespräch beantwortet haben möchte ist, ob Du mental zu mir passt und ob Du bereit bist, Dich wirklich reinzuhängen.

32. Der Weg in die Selbständigkeit

Irgendwann im Laufe der Zeit kommt man zu dem Punkt sich zu überlegen, ob es weiterhin ein Job als Angestellter sein soll, oder man sich doch lieber selbständig macht. Das Schöne an der heutigen Zeit ist, dass man beides machen kann und dass man auch ohne großen finanziellen Einsatz in die Selbständigkeit starten kann.

Du solltest das Thema Selbständigkeit nicht leichtfertig wegschieben. Einkommen aus Selbständigkeit hat viele Vorteile. Hier nur einige davon: Du kannst viele Kosten von der Steuer absetzen. Normal hast Du auch als Angestellter Kosten für einen Schreibtisch, Handy, Auto oder Laptop. Diese bezahlst Du von Deinem Nettoeinkommen. Hast Du Einkommen als Selbständiger, kannst Du all diese Kosten zuerst von Deinen Bruttoeinnahmen abziehen und musst nur den Rest als Gewinn versteuern. Das gilt auch, wenn Deine Selbständigkeit nur ein Nebenjob ist.

Es gibt heute viele Möglichkeiten, sich von zuhause aus selbständig zu machen. Du kannst einen Blog erstellen, einen YouTube Kanal gründen, als Affiliate Partner tätig werden, oder Deine speziellen Fähigkeiten und Kenntnisse als Berater oder Coach Dritten anbieten.

Als Affiliate bist Du Empfehlungsgeber, Du verkaufst ohne zu verkaufen und musst weder eigene Produkte haben, noch welche produzieren. Du musst nicht mal Ahnung von der Art der Produkte haben. Glaubst Du, dass Menschen bei Amazon etwas kaufen? Auch Amazon kannst Du empfehlen. Wenn Freunde von Dir etwas dort kaufen und Du ihnen vorher einen Link von Dir schickst, mit dem sie auf die Amazon Seite geschickt werden, dann bekommst Du von Amazon eine Provision bezogen auf den Umsatz.

Affiliate Provisionen für Softwarelösungen sind besonders attraktiv. Diese liegen häufig bei 50 %. Damit kannst Du sehr schnell einige hundert Euro extra verdienen. Der Weg, um dieses öfter zu verdienen ist, sich im Bereich der sozialen Medien eine Community aufzubauen. Sinnvoll ist es dabei, sich auf ein Thema zu konzentrieren. Entweder bei Dir gibt es immer tolle Einkaufstipps, coole Software, Handwerkertipps, oder das Beste zum Kochen und Backen. Du schreibst Artikel zum Thema, machst

Posts, machst Umfragen und schaffst so ein immer größeres Vertrauen bei Deinen Freunden zu Deinem Thema. Wenn Du dann dazu passend ab und zu einen Artikel präsentierst, werden sich Deine Freunde und Fans diesen gerne ansehen und ein Teil von ihnen wird kaufen - und Du verdienst Geld. Dieses Thema kann man fast unendlich ausbauen, die größten Affiliate Partner in Deutschland verdienen mit solchen Empfehlungen über 100.000 Euro - pro Monat.

Eine andere Möglichkeit ist es, statt der Provisionen für fremde Produkte, eigenes Wissen zu Geld zu machen. Es gibt viele Formen dafür. Man kann am Anfang zum Beispiel ein E-Book erstellen und es kostenfrei oder für kleines Geld verkaufen. Später kann man Videokurse erstellen oder ein individuelles Coaching verkaufen. Als Thema kommt eigentlich alles in Frage. Ob Finanzen, Styling Tipps, Hilfe bei Softwareproblemen oder Flirthilfen. Menschen können zwar alle Informationen kostenfrei im Internet finden, bezahlen aber für die persönliche Umsetzung.

Was auch immer geht, ist im Vertrieb zu arbeiten. Anders als in anderen Bereichen, kannst Du hier in der Regel immer beginnen. Alles muss verkauft werden. Vorwerk und Hyla Staubsauger, Kosmetikprodukte, Nahrungs-ergänzungsmittel, Tupperdosen oder andere Sachen. Diese Unternehmen ermöglichen es Dir jederzeit dort zu arbeiten, weil sie Dich nur mit Provisionen bezahlen. Sie haben so keinerlei Risiko. Wenn Du nichts verkaufst, müssen diese Unternehmen auch nichts an Dich bezahlen. Du aber hast alle Chancen mit Deinen Fähigkeiten und Deiner Community Geld zu verdienen. Und auch diese Einnahmen erhältst Du als Selbständiger.

Sicher kennst Du den einen oder anderen Influenzer. Aber wusstest Du, dass Du mit einen YouTube Kanal mit „nur" 10.000 Abonnenten ca. 1.000 Euro im Monat verdienen kannst? Es müssen also gar nicht Millionen an Follower sein, was für die meisten sicher immer etwas utopisch klingt. Einige von Euch haben sicher auch auf Facebook oder Instagram ein paar tausend Freunde. Da sind 10.000 auf YouTube also auch keine Raketenwissenschaft.

Sei nicht nur Konsument dieser neuen Medien und vergeude nicht nur Deine Zeit mit dem Gucken von Filmen und Content, den andere erstellt haben. Erstelle einfach mal selbst Content und mach das eine oder andere Video zu einem Thema, dass Dich interessiert. Wechsel einfach mal die Seiten, sei Produzent statt

Konsument - und baue Dir so ein attraktives Zusatzeinkommen auf. Das ist sicher einfacher und attraktiver, als bei REWE die Regale aufzufüllen. Und im Gegensatz zu den klassischen Nebenjobs für junge Leute, kannst du hier die Einnahmen dauerhaft erzielen. Laufen Deine Videos bei YouTube erst einmal, kassierst Du auch dann Geld, wenn Du mal einen Monat gar nicht arbeitest, sondern im Urlaub am Strand liegst.

Nur eines nicht vergessen: übst Du einen Nebenjob in Selbständigkeit aus, dann musst Du Deinem Chef reinen Wein einschenken und darfst diesem keine Konkurrenz sein!

33. Fake Geld - Fake Lehrer

Fake Geld und Fake Lehrer sind vielleicht eine Randnotiz, aber dennoch sehr wichtig zu verstehen. Fake Geld bedeutet in diesem Zusammenhang, dass Geld keinen eigenen realen Wert hat. In dem Kapitel Inflation hatte ich Dir das Beispiel aus Zeiten der Hyperinflation gezeigt, dass es Geldscheine mit Werten von 1 Mio., 20 Mio. und sogar 1 Mrd. Reichsmark gab. Heute haben alle Geldscheine zusammen einen Wert von 1 Euro, wenn Du einen Stapel Geldscheine von damals bei Ebay kaufst.

Die aktuelle politische Situation lässt unsere Euros zu einem Fake Geld werden. Es hat keinen inneren Wert. Geld in der modernen Welt lebt nur vom Vertrauen, das Du dem Geld gibst. Du nimmst für Deine Arbeit nur Geld an, wenn Du darauf vertraust, später dafür Dinge kaufen zu können. Das klingt banal, ist aber gerade keine Selbstverständlichkeit. Im Falle meiner alten Reichsmarkscheine kann ich diese eben nicht mehr in andere Sachen tauschen. Selbst damals war es für die Menschen schwierig. Die Inflation war so hoch, dass morgens ein Brot 1 Mio. Mark kostete, und abends zum Teil bereits 2 Mio. Mark. Wenn sich das so entwickelt, dann ist die Motivation Geldscheine zu bekommen, damit man sich später was dafür kaufen kann, sehr gering. Denn wer weiß, was man später dafür noch bekommt.

Übrigens eine kleine Randnotiz: Während der Inflation nach dem 2. Weltkrieg in Deutschland, entstand eine *„interne neue Währung"*: die Zigaretten-Währung. So bezog z.B. meine Oma ihren Verdienst bei den *„Tommy's"* (englische Besatzer) in Hamburg in Form von Zigaretten und kaufte davon ihre ersten handgearbeiteten und geschnitzten Möbelstücke, die sie mit dem Papiergeld nicht hätte zahlen bzw. kaufen können. Diese befinden sich noch immer im Familienbesitz und sind, mehr oder minder, heute unbezahlbar.

Das ist der Grund, warum ich immer und immer wieder darauf hinweise, dass Du für dauerhafte und langfristige Geldanlagen immer in Sachwerte investieren solltest. Am Beispiel Gold kann man es gut verstehen. Ob im Mittelalter, vor 100 Jahren oder heute, ein Goldstück ist immer noch ein Goldstück. Geldscheine sind es nicht. Genauso ist es mit anderen Sachwerten. Eine Siemens Aktie ist auch ein Stück Papier, aber während Geldscheine von vor 100 Jahren heute nichts mehr wert sind, ist es die Siemens Aktie schon. Tauschst Du Deine Arbeitskraft in Geldscheine oder in Sachwerte, so macht es langfristig einen erheblichen Unterschied. Sachen sind eben kein Fake, sondern echt und real. So bist Du gerade bei langfristigen Geldanlagen auf der sicheren Seite und Du hältst auch dauerhaft einen echten Wert in Händen.

So wie es Fake Geld gibt, so gibt es auch Fake Lehrer. Das sind die, die keine echten Lehrer sind. Ich meine das möglicherweise ganz anders, als Du vielleicht zunächst denkst. Ein echter Lehrmeister ist nicht der, der an einer Uni studiert hat und als Beamter an einer öffentlichen Schule unterrichtet. Sondern der, der Dir aus dem echten Leben Wissen beibringt. Ein echter Lehrmeister braucht kein Diplom oder ein Zertifikat. Er bekommt sein Wissen aus der Praxis.

So wie bei den Bewerbungen erläutert. Ein Lehrer in der Schule kann Dir nichts aus dem Leben berichten. Er hat sein Wissen nur aus Büchern und weiß nicht, wie ein echter Personalchef reagiert und auf was dieser achtet. Er weiß nicht einmal, wie Du Dich in einem Bewerbungsgespräch fühlst, weil er i.d.R. selbst nie eines geführt hat. Um Lehrer an einer öffentlichen Schule zu werden, braucht man keinen Lebenslauf zu schreiben und keine Bewerbungsgespräche zu führen. Und bitte: Das ist keine Bewertung dieser Personen als Mensch oder zu ihrer sonstigen fachlichen Qualifikation. Dies gilt ebenso für andere Themen. Wenn Du Weiterbildungen machst, dann achte am besten darauf, dass Du von Praktikern lernst. Denn schließlich lernst Du für die Praxis.

Echte Lehrmeister wissen, wovon sie reden. Bücher kannst Du selbst lesen, Du brauchst keine Fake Lehrer, die Dir das Wissen aus dem Buch vortragen. Für die Themen, die man in den ersten 10 Jahren in der Schule lernt, mag das noch in Ordnung sein. Für später aufzunehmendes Wissen, reicht es auf jeden Fall nicht. Du lernst später für das Leben und nicht mehr für eine Klassenarbeit. Daher geht es nicht mehr um richtig oder falsch, sondern es geht darum, das zu lernen, was Du für Dein Leben benötigst. Und wenn Menschen bestimmte Situationen im Leben schon erlebt haben, dann kann man besser von ihnen lernen. Sonst ist es so, als wenn Dir ein katholischer Priester Ratschläge zum Thema Liebe und Partnerschaft gibt.

Daher hier der dringende Rat: Nicht nur bei klassischen Ausbildungen oder Weiterbildungen ist dies wichtig, auch wie z.B. bei uns, wenn wir Menschen wie Dir Grundlagen der Geldanlage beibringen. Deine künftigen Lehrmeister sollten das, was sie anderen beibringen, auch schon oft im echten Leben umgesetzt haben. Würdest Du den Auftrag für eine neue Website, mit der Du Dein Unternehmen aufbauen willst, von jemandem machen lassen, der alles über Website-Design gelesen hat, oder lieber von jemandem, der bereits hunderte erfolgreiche Websites für Firmen entwickelt hat? Daher, frage ruhig Deine künftigen Lehrmeister nach ihren echten Erfahrung im Leben, denn nur damit können sie Dir und für Dein Leben eine Abkürzung zum Erfolg zeigen. Denn genau darum geht es bei Lebenslehrern. Sie zeigen Dir, wo im Fluss die Steine liegen bzw. die Abkürzung zum Erfolg.

Fazit: Dein Weg zum Erfolg

Es ist toll, dass Du es bis hierhin geschafft hast. Meinen Glückwunsch. Damit bist Du ein Macher, oder wie man heute gendergerecht sagt: Macher*in.

Was solltest Du als erstes tun, wenn Du dieses Buch durchgelesen hast? Mein Vorschlag ist, kaufe Dir ein leeres Buch für Deine Wünsche und Ziele. Am besten ein stabiles, damit Du es lange nutzen kannst, denn wenn Du es richtig machst, wird es Dich Jahre begleiten.

Nutze dieses Buch und schreibe Deine Wünsche auf. Was möchtest Du tun, was möchtest Du erreichen. Nicht nur finanziell, sondern auch in allen anderen Bereichen Deines Lebens. In der Liebe und Partnerschaft, im sozialen Umfeld mit der Familie, in Deiner beruflichen Entwicklung, bei Deiner Gesundheit und Deiner spirituellen Entwicklung. Am besten ist es, wenn Du Dir in Etappen konkrete Ziele setzt, auch wenn das immer ein wenig spießig klingt.

Und nicht vergessen: Ein Ziel ist dabei immer konkret und hat ein Datum.

Es ist wichtig, dass Du Deine Ziele eigenständig und terminlich überprüfen kannst. Also nicht: *„Ich will mehr Sport machen"* oder *„Ich will später gut leben können"*, das ist nicht konkret, ist nicht überprüfbar.

Wenn Du Dein Buch mit Deinen Wünschen und Zielen begonnen hast, mach einen Termin mit einem unabhängigen Experten, mit dem Du Deine ersten Sparverträge vereinbarst. Vielleicht hörst Du auch noch mal dieses Buch als Hörbuch an - zur Bestärkung - oder nutze unseren geplanten Videokurs, um tiefer in technische Fragen einzusteigen. Ebenso stehen ich und mein Team Dir natürlich auch gerne für Fragen zur Seite.

Zum Schluss ein kleiner spiritueller Ausflug zur Motivation:
Ein Ergebnis folgt immer dem Handeln. Du erreichst also nur etwas, wenn Du etwas tust.

Dein Handeln aber, folgt immer Deinen Gefühlen. Wenn Du Angst hast, rennst Du weg. Wenn Du Lust und Freude auf etwas hast, gehst Du darauf zu. Das ist das Prinzip von Zuckerbrot und Peitsche, das tief in unseren Seelen verwurzelt ist. Also bestimmen Deine Gefühle Dein Handeln.

Und Deine Gefühle wiederum werden durch Dein Denken beeinflusst.

Damit lautet die exakte Reihenfolge:

DENKEN - GEFÜHLE - HANDELN - ERGEBNISSE.

Das für viele Erstaunliche ist: Du kannst selbst entscheiden, was Du denkst. Für die meisten ist das zunächst verwirrend. Sie glauben, ihr Denken würde automatisch passieren. Das ist zwar auch richtig, aber nur, wenn Du Deine eigenen Gedanken laufen lässt und nicht auf Dein Inneres hörst. Wenn Du Dich nicht entscheidest, macht der Kopf was er will. Du kannst Dich aber auch dazu entschließen, etwas Gutes oder Positives zu denken, was Dir guttut – und vor allem, was zielgerichtet und willentlich erfolgt.

So kannst Du denken: *„Das schaff ich eh nicht".* Oder Du kannst Dich konzentrieren und überlegen: *„Was müsste ich tun, um es zu schaffen?"* Erst dann arbeitet Dein Kopf und sucht nach Lösungen und kann sie auch finden.

Und dieses eigenständige und zielgerichtete Denken, führt dann zu einer Veränderung Deiner Gefühle. Statt Dich schwach, nutzlos und leer zu fühlen, wirst Du erkennen, handlungsfähig zu sein, was Dich stark, stolz und mutig macht. Das jetzt erwachte gute und positive Gefühl wiederum, verändert Dein Handeln. Du bist voller Elan, gehst mit Feuereifer neue Projekte an und in der Folge wirst Du positive Ergebnisse erzielen.

Was ich Dir damit sagen will ist, Du hast es in der Hand: Lerne Dein Denken zu beeinflussen, lerne Dich selbst zu erkennen, beschäftige Dich mit Themen wie Persönlichkeitsentwicklung, lese dazu passende Bücher, besuche Seminare zu diesen Themen und werde die beste Version Deiner selbst, die Du nur sein kannst!

Dein Geld unterstützt Dich dabei. So kann man sicherlich ein gutes Meditationsseminar vor Ort finden, oder man nimmt an einem ähnlichen in Sri Lanka teil. Dabei muss das Seminar in fernen Ländern nicht besser sein, als hier im Umfeld Deines Wohnortes. Aber Du bekommst andere Eindrücke, erlebst mehr und erweiterst Deinen Geist - und wirst in der Folge eine größere Persönlichkeit. Auch solche Dinge benötigen Geld, wofür Dir dieses Buch ein erster und wichtiger Schritt sein soll.

Starte mit dem Ziel, für Deine finanzielle Unabhängigkeit zu sorgen. Denn Du hast ein Leben in persönlicher Freiheit verdient.

Über den Autor

Norman Argubi, Jahrgang 1966, Vater von 2 erwachsenen Töchtern, Volljurist, Masterconsultant in Finance und Finanzwirt lebt in seiner Geburtsstadt Hamburg. Er ist Vorstand der von ihm gegründeten finanz-center AG und Geschäftsführer zweier weiterer Unternehmen.

Über die finanz-center AG betreuen wir Privatkunden beim Auf- und Ausbau von Vermögen. Dabei nutzen wir ausschließlich echte Sachwertanlagen und meiden schlecht verzinste Geldanlagen der Banken und Versicherungen.
Unser Ziel ist es dabei immer langfristig mit unseren Kunden zusammen zu arbeiten. In der Zusammenarbeit mit unseren Kunden suchen wir nach den Perlen im Anlagengeschäft. Uns geht es niemals um Spekulation, vielmehr um konstantes Wachstum.

Kontaktmöglichkeiten:
Wenn du gerne direkt Kontakt mit uns aufnehmen möchtest, dann schick mir gerne eine Email an:
kontakt@33geheimnisse.de oder nutze die Social Media Kanäle

Hier findest Du mich auf Facebook:
https://www.facebook.com/norman.argubi

Werde Mitglied in unserer Gruppe 33 Geheimnisse:
https://www.facebook.com/groups/298917407432606

Oder folge mir auf Instagram:
https://www.instagram.com/normanargubi/

Weitere Bücher von Norman Argubi

33 Geheimnisse, die Ihnen Ihre Bank
zum Thema Geldanlage nicht verrät
...und wie Sie dennoch eine sinnvolle
Geldanlage für sich finden
- Hörbuch -

33 Geheimnisse, die Ihnen Ihre Bank
zum Thema Geldanlage nicht verrät
...und wie Sie dennoch eine sinnvolle
Geldanlage für sich finden
- Taschenbuch -

33 Geheimnisse der Immobilienfinanzierung
die Ihnen Ihre Bank nicht verrät
...und wie Sie die optimale Finanzierung
finden
- Taschenbuch -

Buchbestellung unter: www.33geheimnisse.de